Ma famille SLOW COSMÉTIQUE

À Romain, mon filleul.
Un beau bébé Slow Cosmétique ☺

MARQUE-PAGE

Séances audio, vidéos explicatives, interviews, liens... Nos livres s'animent désormais grâce à des contenus digitaux exclusifs ! Il vous suffit d'ouvrir l'application pour scanner la page du livre, et vous découvrirez alors des contenus originaux pour aller encore plus loin dans la lecture de nos livres.

Comment ça marche ?

Marque-Page vous permet de flasher les livres des éditions Leduc.s.
- Téléchargez l'application et ouvrez-la
- Flashez les pages de nos livres où apparaît le logo « Marque-Page »
- Découvrez des contenus exclusifs directement sur votre smartphone ou votre tablette !

Télécharger dans App Store

Disponible sur Google play

Dans cet ouvrage, retrouvez la check-list du shopping Slow en flashant la page 45 ou rendez-vous sur notre site :
http://blog.editionsleduc.com/slow-cosmetique.html

Julien Kaibeck

Ma famille SLOW COSMÉTIQUE

Téléchargez la check-list du shopping slow ! Voir page ci-contre et page 45

LEDUC.S PRATIQUE

Du même auteur, aux éditions Leduc.s

Je soigne ma peau au naturel, avec Annie Casamayou, 2018.
Adoptez la Slow Cosmétique, 2012, réédition augmentée 2017.
Slow Cosmétique : le guide visuel, avec Mélanie Dupuis, 2015.
Les huiles végétales, c'est malin, 2013.

Retrouvez tous les conseils et les recettes de Julien Kaibeck
sur son blog : **www.lessentieldejulien.com**

Édition mise à jour et enrichie de *Slow cosmétique pour toute la famille*,
paru en septembre 2017.

Maquette : Caroline Verret
Illustrations : Caroline Verret ; Fotolia ; Vecteezy
Suivi éditorial : Blandine Pouzin

Avertissement : Les conseils beauté et santé de ce livre ne dispensent pas d'un conseil ni d'un avis médical. En cas de doute, consultez votre médecin.

29, boulevard Raspail
75007 Paris – France
ISBN : 979-10-285-1306-1

Sommaire

Introduction

La Slow Cosmétique est née en 2012. Je l'ai inventée en m'inspirant du mouvement Slow Food. Ce mouvement, né dans les années 1980, s'insurgeait contre les fast-foods, et prône aujourd'hui une nourriture plus riche en goût, plus noble, et ancrée dans un terroir. La Slow Cosmétique s'inscrit dans cet esprit. Elle encourage à consommer la cosmétique moins mais mieux :

- **Moins**, car la Slow Cosmétique nous prouve que nous n'avons pas besoin de 1001 produits pour nous sentir bien, beaux et propres.

- **Mieux**, car la Slow Cosmétique fait la part belle à des ingrédients nobles et naturels comme les huiles végétales, l'aloe vera ou des végétaux peu transformés.

Je n'avais pas imaginé à l'époque de la sortie de mon premier livre que, quatre ans plus tard, la Slow Cosmétique deviendrait un mouvement d'alterconsommation si vivant et dense. Aujourd'hui, plus de cent mille personnes pratiquent la Slow Cosmétique au quotidien dans leur salle de bains, des bénévoles dans huit pays militent pour sensibiliser les consommateurs, et plus de cent cinquante marques portent la Mention Slow Cosmétique à travers le monde, un gage de qualité exemplaire.

Dans ce livre dédié à la famille, vous découvrirez que la Slow Cosmétique est simple à adopter et bienfaisante pour vous et vos enfants. Je vous y explique comment éviter les pièges du marketing cosmétique, et vous accompagne ensuite pour trouver des alternatives à tous vos besoins cosmétiques : la toilette, l'hydratation de la peau, le soin des petits bobos. J'ai tenté dans ce livre de vous livrer des conseils et des recettes pratiques pour parer à toutes les situations.

Je ne vous promets pas de miracle comme le promettent les publicités, car cela ne serait pas du tout « Slow Cosmétique », mais je vous garantis que vous allez soigner votre peau de façon saine, respectueuse de vous et de votre environnement et que vous y prendrez un plaisir sans cesse renouvelé. Bonne découverte !

POURQUOI

La Slow Cosmétique ?

Dans ce chapitre, vous allez être surpris(e) !
Vous allez apprendre que la plupart de vos cosmétiques vous trompent… La majorité d'entre eux contiennent des ingrédients tantôt polémiques pour la santé, tantôt polluants pour l'environnement.

La publicité n'aide pas non plus.
Elle vous pousse à acheter toujours plus et vous empêche de discerner le vrai du faux.
Envie de vous libérer des diktats de la beauté ? Suivez le guide…

Pour des cosmétiques plus honnêtes et plus sains

L'écrasante majorité des cosmétiques dans les rayons sont des produits dits « conventionnels ». Ils répondent à la réglementation en vigueur mais ne s'imposent pas une formulation naturelle ou écologique. Pourtant, ils se présentent à nous comme doux, issus du végétal et efficaces à la fois. La réalité est un peu différente : leur composition et leur prix ne sont pas toujours en adéquation, loin de là…

Des formules décevantes

Certaines marques de luxe nous présentent des produits issus d'une recherche « à la pointe », fabriqués à partir d'huile « précieuse et rare ». Or si l'on regarde de plus près, on voit que la formule ne contient que 2 à 3 % de cette huile et qu'elle est noyée dans un océan d'ingrédients industriels issus de la pétrochimie ou de plastiques polymérisés, comme les fameuses silicones par exemple.

Méfiez-vous des publicités et des slogans qui mettent en avant un produit naturel et lisez bien les étiquettes avant de succomber au charme ! Malheureusement bien souvent, vous y trouverez surtout des ingrédients irritants, perturbateurs endocriniens, voire polluants.

PYRAMIDE TYPE DE LA FORMULATION D'UN COSMÉTIQUE CONVENTIONNEL

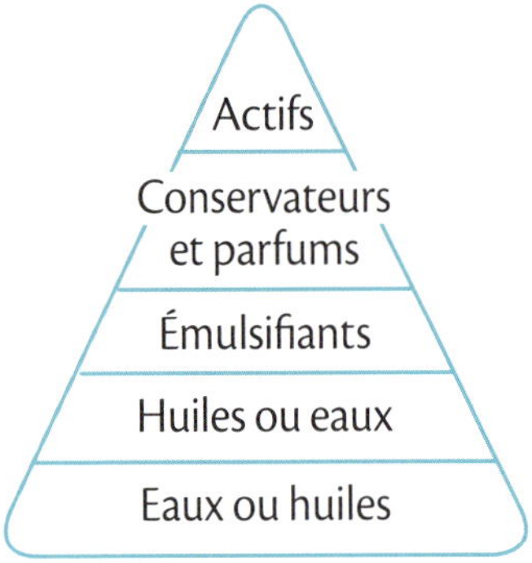

LA MENTION SLOW COSMÉTIQUE

Dans un cosmétique naturel digne de la Mention Slow Cosmétique, on ne doit retrouver aucune huile pétrochimique, aucune silicone, aucun ingrédient synthétique et bien entendu aucun conservateur polémique.

SLOW COSMÉTIQUE

Stop au greenwashing !

Le *greenwashing* est un terme marketing qui a pour objectif de faire passer pour « naturel » ou « écologique » un produit qui ne l'est pas vraiment. C'est un procédé très courant employé par les marques de cosmétiques.

Les ingrédients végétaux, naturels sont mis en avant, certaines marques précisent qu'elles cultivent elles-mêmes ces plantes bienfaisantes pour montrer à quel point elles sont proches de la nature... Or, si l'on se penche sur la liste des composants de ces cosmétiques, on s'aperçoit que leur formulation fait surtout la part belle aux ingrédients synthétiques ou très transformés.

Comment savoir si un produit est vraiment naturel ? Il faut lire la liste des ingrédients sur l'emballage (la liste INCI, voir page 32) et repérer un label bio reconnu (voir ci-dessous) ou la Mention Slow Cosmétique.

LES LOGOS COSMÉTIQUES BIO ET SLOW LES PLUS COURANTS

Ces logos sont les garants d'une formule « propre », sans ingrédient polémique pour la santé ou l'environnement :

ÉCOCERT/cosmos organic (France, UE et monde)

BDIH / cosmos organic (Allemagne, UE et monde)

COSMEBIO/cosmos organic (France, UE et monde)

USDA (États-Unis et monde anglo-saxon surtout)

NATRUE (Allemagne, UE et monde)

Mention NATURE et PROGRÈS (France et UE surtout)

Soil Association / cosmos organic (Grande-Bretagne et monde anglo-saxon surtout)

Mention SLOW COSMÉTIQUE (France et U.E surtout)

LA CHECK-LIST DES COSMÉTOXIQUES

Vous retrouverez en page 16 la grande check-list des ingrédients à éviter pour la Slow Cosmétique. En attendant, voici quelques ingrédients, les plus courants pour lesquels l'impact sur la santé est le plus polémique. Tentez de les retenir par cœur ou photographiez cette liste avec votre téléphone portable pour l'avoir toujours sous la main.

On leur reproche tantôt un potentiel irritant, tantôt une action de perturbateur endocrinien, tantôt un facteur cancérigène :

→ **Très courants :**

- Methylisothiazolinone : conservateur
- Benzophenone : conservateur
- Phenoxyethanol : conservateur
- BHT : conservateur
- Dimethicone : agent de texture (silicone)
- PEG (ou polyethylene glycol) : émollient
- Sodium laureth sulfate : tensio-actif moussant

→ **Courants :**

- Aluminium (stearates, hydroxide, chlorohydrate, ...) : agent antitranspirant ou astringent
- Titanium dioxide - de taille nano (la Slow Cosmétique accepte le dioxyde de titane s'il n'est pas en taille nano et si son usage est justifié dans un soin solaire ou dans le maquillage, par exemple) : différents rôles cosmétiques, dont filtre solaire ou opacifiant
- Ethyl-, Methyl-, Butyl- et plusieurs autres « parabens » : conservateurs
- Phtalates (ou phtalic-xx) : plusieurs rôles dont celui de fixer un parfum
- Dibutyl phtalate : plastifiant (critiqué pour sa toxicité sur la reproduction)
- Ethylhexyl methoxycinnamate : filtre UV
- P-phenylenediamine : ingrédient utilisé dans les colorations
- Toluene : solvant, antioxydant
- DMDM hydantoin, diazolidinyl ou imidazolidinyl urea, quarternium-15 : conservateurs libérateurs de formaldéhyde (cancérigène)
- Triclosan : conservateur
- Cocamide DEA ou xx-DEA : agents moussants (très critiqués pour l'impact supposé sur la reproduction humaine et certains cancers).

Nous ne parlons pas ici des ingrédients réputés « allergènes » car c'est un autre débat, reportez-vous à la page 19 pour ces derniers.

Vous avez certainement entendu parler des parabènes, les mal-aimés de la cosmétique depuis une vingtaine d'années. Ce ne sont pas les seuls à nous faire douter de l'impact de nos cosmétiques sur notre organisme…

Bien sûr, en Occident aucun produit commercialisé n'est « toxique » en tant que tel. La réglementation est stricte et des tests sur la conservation et l'innocuité du produit sont obligatoires avant chaque lancement. **On manque malgré tout cruellement d'informations sur les effets à long terme de ces produits.**

Prenons l'exemple du phénoxyéthanol. Ce composé chimique est un conservateur très répandu dans les cosmétiques. Or, c'est un perturbateur endocrinien, donc, légalement, sa concentration est limitée à 1 % de la formule. Mais si vous utilisez deux produits différents (shampoing et dentifrice par exemple) qui en contiennent, cela double la dose pour vous ! Y a-t-il interaction ? Y a-t-il un risque accru ? On ne sait pas...

Vous trouvez que c'est un peu tiré par les cheveux ? Mais saviez-vous que la Haute Autorité de Santé en France, l'ANSM, déconseille d'utiliser pour les bébés un produit qui contient du phénoxyéthanol, justement par rapport au potentiel danger pour la santé endocrinienne ? Elle préconise aussi une concentration plus faible pour les moins de 3 ans, à 0,4 % maximum. Un peu inquiétant non ?

Pour des cosmétiques plus écologiques

À quoi pensez-vous quand vous appliquez une crème solaire sur votre peau ? Certainement pas à la vie des coraux marins ! Pourtant, une étude italienne a prouvé que la **benzophénone, un ingrédient filtreur d'UV** très présent dans les produits solaires, participait grandement à la mort progressive des coraux. En effet, de nombreux ingrédients cosmétiques ne se résorbent pas bien dans l'environnement et viennent polluer la flore, la faune et les eaux.

C'est pour cette raison par exemple qu'au Yucatan, province du Mexique, les crèmes solaires conventionnelles sont interdites dans certaines zones de plongée. C'est aussi pour cela que de nouvelles réglementations apparaissent pour éliminer les microbilles de plastique dans les cosmétiques. Les poissons les prennent en effet pour du plancton et s'empoisonnent ! Et ne citons pas les tonnes de lingettes et de cotons-tiges jetés chaque jour à la poubelle.

L'impact écologique de la cosmétique est bien plus lourd qu'il n'y paraît…

Polluants à éviter

Dans vos shampoings, après-shampoings, masques capillaires, crèmes visage, fonds de teint, fards, crèmes corps et certains gels douche : les PLASTIQUES, les SILICONES, les SILOXANES et les POLYMÈRES. Ces ingrédients donnent de la texture à la formule, mais ils n'apportent rien à la peau et n'y pénètrent pas. Eh oui, tout part dans l'eau et se retrouve dans l'environnement ! En outre, les ingrédients « DIMETHICONE » et « CYCLOTETRASILOXANE » auraient un impact négatif sur la santé.

Dans vos crèmes, laits et huiles de soin, même celles destinées aux bébés : les HUILES MINÉRALES et ALCOOLS GRAS dérivés de la PÉTROCHIMIE. Ces ingrédients n'ont pas d'effets nocifs directs sur la peau, mais a-t-on vraiment envie de soutenir cette industrie et de se tartiner avec ?

Dans vos gommages, dentifrices et certains gels douche : les microbilles de plastique. Le problème ? Après rinçage, ces billes se répandent dans l'environnement et polluent les cours d'eau. Bonne nouvelle, en 2015, les États-Unis ont voté leur interdiction à l'horizon 2017, suivies par la France qui interdira les microbilles de polyéthylène à l'horizon 2018.

Dans vos savons surtout : L'EDTA. C'est un agent chélateur récurrent dans les savons industriels qu'il « stabilise », mais son impact sur l'environnement est décrié. En outre, sa toxicité n'est pas nulle.

Dans vos crèmes anti-âge, dans vos soins solaires conventionnels : le BENZOPHÉNONE. Cet ingrédient antioxydant et filtre UV est l'un des plus polluants pour la vie aquatique.

Dans tous les produits conventionnels qui « moussent » : les composés ETHOXYLES. Repérez les ingrédients qui contiennent le suffixe « -eth ». Ce sont des composés « éthoxylés ». La plupart sont inoffensifs une fois purifiés, toutefois certains sont irritants et tous sont montrés du doigt pour leur impact sur l'environnement.

Dans les lingettes, les disques à démaquiller : le COTON. C'est là un textile polluant et trop grand consommateur d'eau, tout le monde le sait mais on l'oublie parfois à la salle de bains.

La Slow Cosmétique invite aussi à **éviter les produits suremballés** (tube non recyclable, boîte en carton systématique, etc.) **et accompagnés d'outils promotionnels trop nombreux** (PLV, présentoirs, etc.).

Vous pensez que tous les produits sont bons à jeter ? Pas de panique, pour chacun des produits cités plus haut, **une alternative naturelle et moins polluante existe.** Vous la découvrirez dans les chapitres suivants. ☺

La grande check-list des ingrédients à éviter

Dans le tableau qui suit page 16, vous trouverez les ingrédients cosmétiques courants qu'il convient d'éviter si vous adhérez à la Slow Cosmétique. Ces ingrédients sont soit dommageables pour l'environnement, soit polémiques pour la santé. En outre, ils peuvent presque tous être remplacés par quelque chose de naturel et plus doux.

▶ **Pour bien utiliser ce tableau** : munissez-vous d'un shampoing et d'un produit de maquillage conventionnels. Identifiez pour chaque catégorie l'un ou l'autre ingrédient dans la liste INCI de votre produit. Grâce à cet exercice, vous les mémoriserez plus facilement et serez étonné(e) du résultat !

Type d'ingrédient	Comment les reconnaître ?	Pourquoi on les évite ?
Huile pétrochimique ou dérivé de pétrochimie	Les huiles minérales dérivées du pétrole se dévoilent facilement puisque **le nom évoque souvent en latin l'origine pétrolière :** *Petrolatum, Cera Microcristallina, Paraffinum liquidum,...* Plus difficiles à reconnaître sont les nombreux dérivés complexes de la pétrochimie. En voici quelques-uns courants à mémoriser : - *Toluene, Benzene* - Tous les mots en *–PEG–* (*polyethylene glycol*) - Tous les mots en *–DEA–* (diethanolamine) ou *MEA* (*ethanolamine*) - *Butanol* et tous les mots en *butyl-* - *Ethanol* et tous les mots en *ethyl-*, - l'*EDTA* (ethylene-diamine-tetracetatic acid) - Tous les mots en *propyl-* et le *PPG* (propylene glycol) - *Cocamidopropyl betaine* - *Methanol* et tous les mots en *methyl-*.	**Pour l'environnement** d'une part. On soutient moins l'industrie pétrolière et ses dérivés. **Pour la santé** dans une moindre mesure, car tous les ingrédients pétrochimiques ne sont pas polémiques pour la santé, mais certains oui.
Substances Ethoxylées	On les reconnaît grâce aux terminaisons en -eth (comme dans *laureth*, *ceteareth*), mais aussi en –oxynol. On ajoute à cette liste certaines « grosses lettres » (PEG,...) et le préfixe hydroxyethyl-. Il faut aussi ajouter les *Quaterniums*, les *Polysilicones* et les *Diméthicone Copolyols*, dont les noms sont explicites. **Note** : le *Quaternium-15* par exemple est un des pires car il libère du formaldéhyde.	Ces ingrédients combinent souvent plusieurs désavantages à la fois. Ils sont au minimum **polluants**, et souvent **irritants** à long terme. Certains sont en outre **polémiques pour la santé.**

Type d'ingrédient	Comment les reconnaître ?	Pourquoi on les évite ?
Silicones et plastiques	On reconnaît les silicones à leurs suffixes en –one ou –oxane. *Sont courants : Cyclohexasiloxane, Dimethicone, Hexamethyldisiloxane,…* On ajoute à cette liste les mots qui contiennent *–polymer-* et/ou *–vinyl-*, des plastiques.	Ces ingrédients sont polluants, ils ne se résorberont pas assez vite dans l'environnement. Certains sont **comédogènes** ou capables d'étouffer la peau ou les cheveux, ce qui les fragilise. Le dimethicone est dans la liste des perturbateurs endocriniens.
Conservateurs irritants	Voici des conservateurs courants très irritants et faciles à mémoriser : BHT, BHA, Méthylisothiazolinone, tous les mots en -thiazolinone, triclosan.	Parce que cela **irrite** la peau à long terme et que des alternatives existent. En plus, ces ingrédients sont pour certains **allergènes** et/ou **perturbateurs endocriniens** !

→

Type d'ingrédient	Comment les reconnaître ?	Pourquoi on les évite ?
Conservateurs réputés perturbateurs endocriniens	Le mieux est de les mémoriser. On retient par cœur les mots suivants à éviter, seuls ou accompagnés : « -paraben », « phenoxyethanol », les filtres solaires « benzophénone », « oxybenzone 8 », et « ethylhexyl methoxycinnamate 9 », et « 4-methylbenzylidene camphre ». On ajoute à cette liste d'autres types de perturbateurs endocriniens : les phtalates (à identifier grâce à « -phtalate », « phtalic- ») et les préfixes « nonyl- », « nono- ».	Les perturbateurs endocriniens peuvent **stimuler inutilement des récepteurs hormonaux** (et à terme aggraver un cancer par exemple, ou avoir une influence sur la fertilité). En outre, la benzophénone est un **polluant** pour les mers et les coraux.
Parfums synthétiques	Le mot *Parfum* ou *Fragrance* dans une liste INCI non certifiée bio est presque à coup sûr un parfum synthétique (risque de phtalates). Sinon, il est suivi d'un * pour désigner un parfum bio.	Risque de perturbateurs endocriniens.
Colorants synthétiques	Tous les colorants s'écrivent CI suivi de 5 chiffres. Exemple : CI 19140 est la tartrazine, un colorant azoïque jaune qui perturbe gravement le système nerveux. Les colorants naturels commencent par 7XXXX et sont donc OK. Tout le reste ou presque est synthétique. On ajoute à la liste le mot *P-Phénylenediamine* utilisé dans les colorations capillaires.	Certains, dont les colorants azoïques interdits en bio, peuvent franchir la barrière cutanée et libérer de l'aniline (comparable aux nitrosamines **cancérigènes**). D'autres sont **irritants** ou **allergènes**.

Type d'ingrédient	Comment les reconnaître ?	Pourquoi on les évite ?
Certains minéraux	L'aluminium et ses sels (*aluminium stearates, hydroxide, chlorohydrate, …*) et le dioxyde de titane en taille nano (*titanium dioxide* – dans un produit non bio).	Pour la santé, car les supposés effets **cancérigènes** sont trop nombreux.
Huiles hydrogénées	On les reconnaît facilement grâce au mot *–hydrogenated*. Exemple : *hydrogenated castor oil* est l'huile de ricin hydrogénée.	Ces huiles sont « mortes » à cause de leur transformation à outrance. Elles **ne respectent pas le végétal** mais nous font penser qu'elles sont naturelles.

ET LES ALLERGÈNES ALORS ?

Linalol, limonene, geraniol… On voit souvent ce type de mots en fin de liste INCI !

Pourtant, il ne s'agit pas d'ingrédients à proprement parler. Ce sont des composés naturellement présents dans tel ou tel ingrédient. Ces composés aromatiques pour la plupart sont listés comme allergènes. Mais la Slow Cosmétique ne nous dit pas de les éviter à tout prix, car l'allergie est un tout autre débat : on peut être allergique à tout ! Au naturel comme au synthétique.

→ **Un bon conseil : si vous avez une peau allergique ou hyperréactive**, évitez-les, sinon, veillez simplement à ce qu'ils soient d'origine naturelle (naturellement présents dans une huile essentielle du produit par exemple).

Pour consommer moins mais mieux

Moins, parce que vous n'imaginez pas à quel point nous n'avons pas besoin de tous les cosmétiques qu'on nous propose. Mieux, parce que la Slow Cosmétique nous propose d'opter pour des matières nobles issues de la nature pour soigner notre peau.

Vive le tout-en-un !

Sous la douche, vous utilisez sans doute un gel douche, un shampoing et un après-shampoing. Cela fait 3 flacons (qui seront jetés) et 3 formules différentes. Savez-vous qu'avec un bon savon à froid enrichi en rhassoul (une argile qui lave), les fans de la Slow Cosmétique se lavent le corps, le visage et les cheveux ? Un seul et même produit peut en remplacer plusieurs !

On vous dit le contraire en parfumerie ? Oui, car les marques ont un argumentaire qui justifie leur assortiment pléthorique !

Quelques produits naturels suffisent !

La Slow Cosmétique nous invite à opter pour des matières nobles, issues de la nature, pour prendre soin de la peau et des cheveux. Ces matières sont non seulement naturelles mais réellement actives sur les fonctions de la peau, et la qualité de celle-ci. En outre, si vous aimez la Slow Cosmétique, vous comprendrez bien vite que 1 produit naturel noble = plusieurs usages possibles :

- Un bon **beurre de karité** servira à la fois d'onguent hydratant pour les pieds, les mains, les lèvres, mais aussi pour tout le corps et même le visage. Certaines l'aiment aussi sur les pointes sèches des cheveux.

- Un bon **gel d'aloe vera** peut servir de masque hydratant, de cataplasme apaisant, et de soin après-shampoing démêlant.

- Une bonne **huile vierge de noyaux d'abricot** sert de démaquillant, de sérum hydratant bonne mine et d'huile de massage raffermissante !

- **L'argile blanche** peut servir de poudre nettoyante pour laver le corps ou le visage sans l'agresser (avec un peu d'eau). Elle est aussi la base pour un masque peau sensible.

QUELQUES VÉRITÉS AMUSANTES À TESTER

- Un shampoing doux et naturel, bien formulé, peut servir d'agent lavant pour le corps tout autant qu'un gel douche.
- Une crème visage est une crème parfaite pour les mains.
- Un produit adapté pour le contour des yeux convient très bien au visage tout entier et au contour des lèvres.
- La plupart des soins cosmétiques dits « pour hommes » conviennent aussi aux femmes et vice versa, si ce n'est pour leur parfum ou leur côté « frais » qui change des habitudes féminines.
- Une crème de nuit peut tout à fait servir de crème de jour, elle est simplement enrichie.
- Un produit pour le visage convient toujours pour le corps, mais l'inverse n'est pas vrai.
- Une crème raffermissante pour le cou est tout simplement une crème visage qu'on a voulu ciblée pour le cou et plus « élastifiante ». Si votre crème visage le fait déjà, elle sera bien pour le cou.
- Un masque visage hydratant sans acides peut remplacer occasionnellement une crème visage.

Vous l'aurez compris, tout n'est que « segmentation » du produit par les marques qui tentent de vous en vendre toujours « plus ».

L'eau florale d'hamamélis peut s'utiliser à la fois comme une lotion tonique astringente en fin de démaquillage, mais aussi comme déodorant si on transpire peu. Elle est également superbe mélangée à un peu de miel pour se préparer un masque anti-rougeurs…

Vous découvrirez de nombreuses autres astuces pratiques aux chapitres suivants.

Se libérer du « *brainwashing* » et du zapping cosmétiques

Le mot *brainwashing* signifie « lavage de cerveau » en anglais. Avez-vous déjà feuilleté un magazine féminin ou un magazine dédié à la beauté ? Il est truffé de publicités et de slogans à propos de la cosmétique. Idem sur Internet ou dans les vitrines des grands magasins.

Les messages que véhicule la publicité cosmétique s'immiscent en nous un peu plus chaque jour. Par exemple, une ride est invariablement présentée comme une imperfection à corriger. Un bouton doit disparaître au plus vite. Des cheveux souples et brillants sont le nec plus ultra. Pourtant, tout est relatif en matière de beauté, et ces messages sont bien souvent assimilables à de la désinformation pure.

Parallèlement, il n'y a pas une semaine qui passe sans une nouvelle formule ou une nouvelle gamme au packaging plus accrocheur, aux couleurs plus chatoyantes. Ces publicités nous tentent sans cesse. Or, combien de produits inutiles avons-nous achetés sous cette emprise ? La Slow Cosmétique nous invite à faire le tri et à ne surtout pas « zapper ».

Halte aux diktats

Le mouvement Slow Cosmétique nous sensibilise au fait que la cosmétique conventionnelle nous impose des codes qui ne sont pas forcément sensés… Amusons-nous à les déconstruire :

Un produit « nouveau » est mieux qu'un produit plus ancien : ce n'est pas toujours vrai. L'argument « nouveau » est mis en avant pour vendre ! La crème présentée comme une innovation pour l'hydratation n'est pas forcément plus efficace qu'une autre formule plus ancienne.

Un produit présenté comme « rare » est plus efficace : c'est faux. Certes, acheter un produit qui contient une baie d'Amazonie bourrée d'antioxydants nous fait rêver et nous fait croire à l'efficacité du produit, mais une efficacité toute similaire peut très bien être obtenue avec un produit local, simple et plus banal.

Un produit plus cher est forcément plus noble et plus efficace : hélas non. Il existe des crèmes et des sérums cosmétiques vendus plus de 180 euros les 50 ml, et qui pourtant contiennent en grande majorité des substances peu nobles comme des huiles pétrochimiques, des silicones et des alcools gras. En terme d'efficacité (toute relative), de nombreuses études de consommation ont également démontré qu'une crème à 7 euros est parfois digne de rivaliser avec une crème de luxe.

Une peau parfaite ? Vous rêvez d'un teint zéro défaut ? De pores invisibles et de zéro rougeur ? Ce n'est pas vraiment la nature de la peau. Pour rappel, celle-ci est un organe qui vit et qui mute, qui évolue sur le long terme et qui est susceptible d'être moins belle un jour et bien mieux ensuite, sans lien réel avec les produits utilisés. Les hormones et l'alimentation, ainsi que le stress, jouent un rôle non négligeable sur l'état de notre peau. La publicité cosmétique utilise des promesses de perfection pour nous faire acheter un produit. C'est bien compréhensible, mais il faut en être conscient(e) pour consommer mieux.

Un cosmétique peut « transformer » la peau ou les cheveux : non. Aucun cosmétique ne peut modifier la structure physiologique de votre peau. Aucun cosmétique ne peut « repulper » une ride de l'intérieur. La cosmétique a d'ailleurs une définition légale : elle est là pour entretenir la beauté de la peau, l'embellir grâce à du soin ou du maquillage, mais cela reste relativement superficiel. Les publicités nous font penser que des soins du commerce vont rendre nos cheveux plus épais, mais ce n'est possible qu'esthétiquement, pas biologiquement. Du coup, en sachant ce qu'on peut réellement attendre d'un cosmétique, on sera moins tenté(e) de multiplier les achats erronés.

Faites le tri !

Ne gardez que les produits essentiels au maintien en forme de votre peau et de votre beauté. Inutile d'avoir trois crèmes hydratantes !

Stop au zapping !

L'anti-zapping : ne passez pas d'un produit à l'autre avant d'avoir pu constater un quelconque résultat.

La Slow Cosmétique nous rappelle deux principes dermatologiques simples :

1. **Un produit cosmétique hydratant ou traitant devrait être utilisé pendant 1 mois au moins** afin de pouvoir juger de son efficacité ou de sa bonne tolérance. Pourquoi ? C'est notamment lié au cycle de la kératinisation : votre épiderme se renouvelle en 1 mois environ. Cependant, si un produit brûle, pique ou cause une vraie réaction, alors il doit être écarté.

2. **L'application compte autant que le produit.** Si vous avez acheté un produit naturel et Slow qui vous promet de démêler les cheveux, et qu'il est conseillé d'en mettre très peu dans les mains avant de frotter les cheveux, eh bien faites-le ! Inutile d'en mettre plus… Souvent nous sommes tenté(s) d'en utiliser trop, croyant que le produit sera plus efficace. À l'inverse, nous oublions aussi de répéter l'application de produits quand ils sont traitants.

Pourtant, certains produits ne seront efficaces que si on les applique vraiment 2 fois par jour, voire plus (c'est le cas par exemple de la plupart des sérums traitants pour le visage). Enfin, il arrive que certain(e)s parmi nous aiment « varier les plaisirs ». C'est bien, mais point trop n'en faut. Il n'est pas idéal de multiplier les produits sur la peau sur une période d'une journée. Par exemple, l'eau florale du matin est très bien pour le soir aussi.

LA TROUSSE SLOW COSMÉTIQUE IDÉALE

- **Une huile démaquillante**, si possible 100 % végétale pour qu'elle puisse servir de base pour la fabrication du sérum hydratant et traitant.
- **Une eau florale adaptée au type de peau** (voyez le tableau en page 178 pour savoir quelle plante pour quel type de peau).
- **Un sérum hydratant et traitant** en fonction du type de peau. Ce sérum est soit une huile faite maison, soit un gel ou un soin huileux prêt à l'emploi portant la Mention Slow Cosmétique. On l'applique matin et soir.
- **Une crème de jour** à utiliser le matin pour protéger le visage. Elle doit pouvoir s'appliquer sur le contour des yeux et le cou.
- **Un savon à froid surgras** capable de laver tout le corps et le visage si besoin, en douceur. Si on est très Slow, on le choisit enrichi en argile comme le rhassoul pour pouvoir se laver les cheveux avec. Les hommes le choisiront bien onctueux pour pouvoir aussi se raser.
- **Un shampoing doux et neutre** (qui peut occasionnellement servir de gel lavant pour la peau).
- **Un déodorant maison** ou bien prêt à l'emploi et lauréat de la Mention Slow Cosmétique.
- **Quelques produits de maquillage Slow Cosmétique** pour le teint, les yeux et la bouche.
- **Quelques basiques « bons à tout faire »** en Slow Cosmétique et notamment : le gel d'aloe vera Slow, le beurre de karité, l'argile blanche ou verte ou le rhassoul.

LA TENDANCE ZÉRO DÉCHET, ON S'Y MET ?

La Slow Cosmétique nous incite au zéro déchet dans la salle de bains, même s'il n'est pas forcément facile de tout supprimer d'un coup… Voici quelques astuces sympathiques dans une check-list pratique :

Je remplace…	Avec le produit Slow adapté…	Remarques
Le gel douche	Un savon à froid surgras	1 bon savon à froid Slow Cosmétique de 80 g remplace environ 2 gels douche de 200 ml. On évite donc deux flacons en plastique, ainsi que des silicones et de l'EDTA habituellement rincés dans la douche.
Le shampoing	Un shampoing solide ou savon shampoing (un savon à froid enrichi en rhassoul par exemple)	Finis les tensio-actifs et les silicones rincés à l'égout, et finis les flacons en plastique ! **Astuce** : un savon shampoing à froid peut s'utiliser aussi pour le corps : 1 produit pour 2 actions !
L'après-shampoing	Une recette maison du type gel d'aloe vera + huile. Dans un flacon pompe, on mélange du gel d'aloe vera Slow à raison de 85 % de la formule, du vinaigre de cidre à 5 % et de l'huile d'avocat pour les 10 % restants.	On applique une toute petite quantité sur les doigts et on « peigne » les cheveux mouillés avec les doigts. On laisse poser 5 à 10 minutes si possible tout en démêlant. On n'est pas obligé de rincer si le cheveu est très fin. Idéal pour les cheveux difficiles, bouclés ou frisés.
Les lingettes démaquillantes jetables et les lingettes bébé	Des lingettes lavables, à utiliser avec de l'eau et éventuellement un produit nettoyant Slow ou un savon à froid. Chacune peut être réutilisée et donc lavée 360 fois et elle remplace ainsi, à elle seule, plusieurs centaines de lingettes, ou plusieurs milliers de cotons d'une femme qui se maquille	La lingette jetable est catastrophique pour l'environnement. Pas bonne pour la peau non plus puisque, la composition comprend parfois du phénoxyéthanol, un conservateur réputé perturbateur endocrinien. Un peu dingue pour une substance utilisée couramment même dans les lingettes bébés ou yeux.

Je remplace…	Avec le produit Slow adapté…	Remarques
Les cotons jetables à démaquiller	Un pack de 15 lingettes lavables en eucalyptus bio. Faciles à laver et très douces pour se démaquiller.	Une lingette lavable, c'est en général environ 300 utilisations. Je conseille un kit de 14 pour commencer, comme cela vous en utilisez deux par jour et vous mettez les 14 à la lessive à 40 °C une fois par semaine.
Les bâtonnets type Cotons-Tiges	Un oriculi. Il s'agit d'un petit bâton de bambou ou de métal dont le bout est arrondi. Il est réutilisable.	On se nettoie uniquement l'entrée de l'oreille et le pavillon, inutile d'entrer dans le conduit !
Les mouchoirs en papier jetables	Une collection de petits mouchoirs en tissu. On les lave au fur et à mesure.	On peut les assortir à la salle de bains, c'est très joli !
Le déo en flacon	Un déo solide ou crème, ou tout simplement un peu de bicarbonate de soude à frotter sur l'aisselle humide avant d'épousseter les grains avec un gant sec.	Non seulement on élimine un flacon, mais en plus on évite aussi les vilaines formules de la cosmétique conventionnelles (aluminium, conservateurs polémiques, etc).
Le dentifrice en tube	Un dentifrice bio ou bien un dentifrice solide. Il en existe plusieurs chez des marques lauréates de la Mention Slow Cosmétique. Cela ressemble à un galet à frotter.	Cela mousse beaucoup moins, mais c'est tout aussi frais et efficace. L'argile et le carbonate de calcium contenus dans les formules nettoient très bien les dents et la bouche.
Le gommage corps	Une brosse douce, ou un peu de marc de café dans de l'huile.	Se brosser le corps à sec avant la douche est excellent pour la circulation et élimine les peaux mortes !
Le gommage visage	Une éponge konjac	Cette éponge 100 % végétale et compostable permet d'exfolier le visage très doucement, à l'eau.
Le gel pour les cheveux	Un tout petit peu de gel d'aloe vera Slow	On mouille les doigts avec le gel d'aloe vera et puis on sculpte la coiffure avant de laisser sécher. Effet fixant correct et *wet look*.

MAIS OÙ ACHETER DES PRODUITS « ZÉRO DÉCHET » ?

Vous trouvez de plus en plus de boutiques en vrac sur le territoire (comme l'enseigne DaybyDay, en France). Beaucoup de magasins bio s'y mettent aussi.

Le site Slow-cosmetique.com permet de se faire livrer chez soi où que l'on soit en Union européenne, et de faire confiance aux artisans du mouvement Slow Cosmétique.

On y trouve les marques spécialistes et précurseurs du zéro déchet comme Lamazuna®, Pachamamai®, Fibao® et les Tendances d'Emma® par exemple.

Pour le plaisir !

Depuis 2012, un peu plus de cent mille personnes ont été séduites par la Slow Cosmétique. Les mots qui reviennent le plus souvent dans les témoignages sont « merci » et « plaisir ». *Plaisir* de se libérer des diktats, *plaisir* d'apprendre quelque chose sur le fonctionnement de la peau, mais aussi *plaisir* d'utiliser de bons produits qui nous reconnectent à la Nature.

Des produits de la nature

La Slow Cosmétique fait la part belle à des produits directement issus du monde végétal, peu ou pas transformés. Ces produits sont nobles, « vivants », truffés d'actifs (vitamines, antioxydants ou des composés aromatiques, bons acides gras…). Ils ont été cultivés et extraits par l'Homme, dans le respect de la terre, et ils sont encore très proches de leur nature initiale.

Des actifs aromatiques naturels

La Slow Cosmétique apporte aussi une bonne dose de plaisir grâce aux bienfaits des actifs aromatiques utilisés. Si vous respirez une huile essentielle de lavande vraie biologique, vous ne sentirez plus jamais de la même façon un produit parfumé à la lavande synthétique.

L'HUILE ESSENTIELLE DE PETITGRAIN BIGARADE : DÉTENTE GARANTIE

Testez l'astuce suivante : ajoutez 2 gouttes d'huile essentielle de petitgrain bigarade dans votre gel douche neutre un matin. Vous découvrirez une douche plaisir et déstressante comme jamais.

LA SLOW COSMÉTIQUE

Comment s'y mettre en pratique ?

Dans ce chapitre, vous allez en apprendre !
Avant de passer aux soins que vous appliquerez en famille, il est important de savoir bien les choisir.
Il faut aussi connaître quelques bons principes sur l'utilisation des produits naturels pour vous en servir en beauté.
C'est ce que je vous propose de découvrir ici.
Les cosmétiques n'auront plus aucun secret pour vous, et vous serez prêt(e) à transformer votre salle de bains en espace 100 % nature !

Apprendre à décrypter les étiquettes

Les emballages cosmétiques n'ont pas leur pareil pour vous séduire ! Ils mettent en avant un nom de produit racoleur, un ou deux actifs naturels stars, et bien sûr l'efficacité du produit. Mais on oublie souvent de vous dire ce que la majorité du produit contient réellement. Au rayon alimentation, ce serait un scandale, mais en cosmétique c'est encore très courant. La solution ? Lire la fameuse liste INCI.

Qu'est-ce que la liste INCI ?

La législation occidentale impose aux fabricants de cosmétiques de faire apparaître sur l'emballage des produits de beauté la liste détaillée des ingrédients. On appelle cette liste la liste « INCI » : International Nomenclature of Cosmetic Ingredients.

Cette liste doit respecter plusieurs principes :

- **Les ingrédients de la formule doivent tous figurer sur l'étiquette.** On les nomme en latin ou en anglais afin d'en faciliter la compréhension par tous.

- **Les ingrédients doivent être listés dans l'ordre décroissant.** Ainsi, si une liste INCI commence par le nom « *Aqua* », l'ingrédient le plus présent dans la formule est l'eau. C'est d'ailleurs très souvent le cas.

- **On cite tous les ingrédients jusqu'au dernier**, mais quand l'ingrédient est dosé à moins de 1 % dans la formule, on peut en modifier la place dans la liste. Ainsi, si un extrait naturel de lavande (*lavandula extract*) est dosé à 0,03 %, le fabricant le placera dans la liste avant les vilains conservateurs de sa formule, même si ceux-ci sont dosés à 0,9 %. Marketing oblige !

La liste INCI se trouve obligatoirement sur l'emballage visible du produit, le plus souvent la boîte. Les fabricants jouent au chat et à la souris et impriment bien souvent cette liste en très petits caractères sur le fond de l'emballage. Ils ont sans doute trop peur que nous lisions la formule pour découvrir ce que leur produit contient vraiment ! Faites l'exercice à la maison, c'est édifiant…

Repérer la Mention Slow Cosmétique pour consommer mieux

Un nouveau logo existe depuis 2013 pour aider le consommateur à consommer des produits à la fois propres, écologiques et raisonnables en termes de prix et de marketing. C'est la Mention Slow Cosmétique, un quasi « label » développé par l'Association Slow Cosmétique qui félicite des produits en phase avec la Charte du mouvement.

La Mention Slow Cosmétique est une récompense attribuée par les bénévoles de l'association. La marque lauréate est félicitée à deux titres :

- **Ses formules sont « propres »** et dénuées de tout ingrédient polémique pour l'environnement ou la santé.

- **Son marketing est « raisonnable »**, ce qui veut dire que son positionnement prix est juste et que son rapport à ses clients est éthique, sans surenchère.

Les produits qui portent la Mention Slow Cosmétique sont dignes de confiance car ils répondent presque en tout point aux valeurs du mouvement, décrites dans la Charte de la Slow Cosmétique (rendez-vous sur : www.slow-cosmetique.org).

On peut les résumer comme suit :

☑ intelligence des formules,
☑ écologie,
☑ bon sens et transparence,
☑ bon rapport qualité/prix et éthique humaine.

La Mention Slow Cosmétique, c'est un peu comme une étoile au Guide Michelin pour un restaurant. La marque a dû être strictement évaluée afin de la recevoir, et ce sur plus de 80 critères. Tout y passe ! La Mention s'intéresse beaucoup à la formule, mais aussi au prix, au discours marketing, à l'emballage, à la localisation et à l'éthique. Après examen minutieux, la marque reçoit de 1 à 3 étoiles à la Mention en fonction de son adéquation avec les critères de l'association.

La liste complète des lauréats de la Mention Slow Cosmétique est sur www.slow-cosmetique.org

On peut acheter des produits en direct du fabricant lauréat sur le site partenaire de l'association : www.slow-cosmetique.com

Comment lire la liste INCI ?

1 Repérez la liste.

Elle est souvent écrite en tout petit. Elle ressemble à ceci :

INCI : **Aqua**, Sodium laureth sulfate, Petrolatum (Mineral oil), Dimethicone, Cetyl Alcohol, Caprylic Capric Triglyceride, Benzophenone-1, Paraffinum liquidum, Stearyl Alcohol, Butoxynol, **Prunus armeniaca kernel oil**, Hydroxyethylcellulose, Cyclohexasiloxane, Polypropylène glycol (PPG), Hexamethyldisiloxane, Methylparaben, Polyquaternium-39, Trisodium EDTA, Methylisothiazolinone, Hexadecanol, Sodium Myreth Sulfate, BHT, Triclosan, Polyéthylène glycol (PEG), **Lavandula angustifolia Oil extract**, Fragrance, CI 77 891, CI 15 985, Citronellol, Hexyl cinnamal, Limonene, Linalol.

Pour comprendre cette liste :

- La liste INCI ci-dessus est une fausse liste pour l'exemple, et elle ne peut exister telle quelle dans la réalité.
Elle rassemble ici les pires ingrédients à des fins didactiques.

- En gras, nous avons souligné les seuls ingrédients naturels.
Les composés aromatiques et allergènes (linalol, limonene, coumarin…) apparaissent toujours en fin de liste INCI, lisez en page 19.

2 Identifiez les 6 premiers ingrédients, ce sont les plus importants.

- Les 6 premiers ingrédients représentent toujours environ 70 % de la formule. Ils vous renseignent donc d'emblée sur la noblesse et la naturalité ou pas du produit. S'ils comptent parmi eux des substances décevantes (voyez la grande check-list des ingrédients à éviter en page 16), on évite !

- **Petite astuce :** pour un soin naturel, on devrait trouver dans les 6 premiers ingrédients au moins deux noms latins de plante. Car les extraits végétaux (huiles végétales, beurres, eaux florales) sont toujours désignés par leur nom latin. Quelques exemples courants :
Argania Spinosa oil = huile d'argan / *Lavandula Angustifolia water extract* = eau florale de lavande vraie/ *Butyrospermum parkii* = beurre de karité (plus difficile à identifier, c'est vrai)/ *Prunus amygdalus oil* = huile d'amande douce…

3 Allez à la chasse aux ingrédients polémiques.

Après avoir identifié les 6 premiers ingrédients, observez le milieu et la fin de la liste INCI. Voyez si vous y trouvez un ingrédient qui est polémique pour la santé ou l'environnement. Aidez-vous de moyens mnémotechniques :

- **Évitez les abréviations en grosses lettres, rarement dénuées de polémiques** : EDTA, BHT, PPG, PEG, BHA, etc., elles comptent parmi les ingrédients à éviter.

▸ **Évitez les mots qui finissent en –one ou –oxane** car ce sont des silicones, donc pas bien nobles.

▸ **Repérez le suffixe –eth** qui est à éviter pour les peaux sensibles qui aiment l'environnement ☺.

▸ **Dites non au pétrole** : certaines huiles pétrochimiques se reconnaissent bien : petrolatum, paraffinum, cera microcristallina

▸ **Apprenez par cœur les principaux perturbateurs endocriniens et les ingrédients les plus polémiques** et évitez-les. Voici 12 morceaux de mots à mémoriser dans l'ordre alphabétique (en chantant par exemple c'est plus facile ☺). Ils vous garantissent d'éviter presque tous les ingrédients concernés :

-benzene-, -benzone, benzophénone,
-ethylhexyl-(…)-methoxycinnamate,
-methicone,nonox-, nonyl-,
-siloxane-,
-paraben-, phenoxyethanol, -phtal-,
-resorci-

Pour un guide complet des ingrédients non Slow, voyez la grande liste des ingrédients à éviter en page 16.

4 Réfléchissez avant l'achat.

La formule INCI est toute propre ? Le produit est naturel ? Très bien ! Mais l'entreprise qui vend le produit a-t-elle été honnête avec vous ?

Avant d'acheter, intéressez-vous au rapport qualité-prix et à l'éthique de la marque :

▸ Si votre produit contient beaucoup **d'huiles estérifiées ou hydrogénées,** il devrait être moins cher qu'un produit qui contient des huiles vierges. Comment les différencier ?

Les huiles estérifiées terminent très souvent en –ate et évoque le nom de l'huile initiale. Par exemple : coco-caprylate-caprate désigne une huile estérifiée bon marché issue de la noix de coco.

Les huiles hydrogénées se désignent le plus souvent d'elles-mêmes grâce au mot « hydrogenated ».

▸ Si l'emballage met en avant des ingrédients nobles, végétaux, bio , et que la formule contient surtout des huiles estérifiées, des corps gras transformés, du parfum synthétique, etc., il s'agit de greenwashing. C'est décevant.

Vous craignez que cela vous prenne trop de temps lors de l'achat ? Ces vérifications sont pourtant salutaires et deviendront vite automatiques. Sachez sinon repérer les labels tels que la Mention Slow Cosmétique un des seuls labels qui vous garantit une formule propre ET un marketing raisonnable.

Fabriquer ses cosmétiques

La Slow Cosmétique encourage la fabrication de cosmétiques maison pour tous ceux qui n'ont pas trouvé leur bonheur dans les rayons du commerce et notamment parmi les produits des marques lauréates de la Slow Cosmétique. On peut très bien fabriquer son déodorant, sans pour autant vouloir fabriquer sa crème. Chacun travaille « à sa façon », et c'est très bien comme cela.

RECOMMANDATIONS AVANT DE SE LANCER DANS LA FABRICATION DE COSMÉTIQUES MAISON

La Slow Cosmétique, c'est une invitation à fabriquer ses propres cosmétiques, quand on en a envie. Voici quelques conseils préalables pour réussir à réaliser les recettes proposées dans ce livre.

Avant de commencer :

- Se laver les mains et désinfecter tous les ustensiles.
- Manipuler l'alcool et les huiles essentielles avec précautions (dont l'éviction des sources de chaleur, la protection des yeux…). Idem pour la fabrication de savons, plus délicate (gants et lunettes obligatoires).
- Faire un test de sensibilité avant d'utiliser un produit naturel. Appliquez une petite dose sur le pli du coude ou l'intérieur du bras pendant 24 heures.
- Ne vous improvisez pas cosmétologue. Suivez des recettes telles que celles de ce livre ou de **Adoptez la Slow Cosmétique** (Éd. Leduc.s), ou mon blog **www.lessentieldejulien.com**, truffé de recettes. Vous avez trouvé une autre recette ? Attention, n'optez que pour des recettes avec peu d'ingrédients sinon ce n'est plus de la Slow Cosmétique ☺
- Travaillez uniquement avec de bons ingrédients et du matériel adapté.

On en trouve en pharmacies, en magasins bio ou sur un site Internet tel que www.slow-cosmetique.com par exemple.

Les ingrédients clés de la Slow Cosmétique

Pour passer à la Slow Cosmétique, inutile de révolutionner totalement votre trousse de beauté. Vous en possédez déjà dans votre cuisine ! Mais certains produits nobles vous seront bien utiles en complément. Les voici…

Le produit clé	Qu'est-ce que c'est ?	Pour quels usages ?
Un ou deux hydrolats (eaux florales)	**Les hydrolats** Il s'agit de l'eau qui a servi à distiller une plante aromatique. Cette eau est très légèrement chargée en actifs. Appelés plus couramment « eaux florales », les hydrolats sont des produits précieux pour notre peau.	L'hydrolat en Slow Cosmétique sert à plein de choses : - **à démaquiller :** comme eau tonique ou nettoyante - **à désodoriser :** à la façon d'un déo léger ou d'une brume parfumée - **à fabriquer des crèmes et laits :** en combinaison avec de l'huile et une cire émulsifiante
Une ou deux argiles	L'argile est une poudre minérale, composée principalement de silicates d'aluminium en feuillets trouvés à l'état naturel dans les roches sédimentaires (le sol). Il existe différents types de minéraux argileux : - la kaolinite donne de l'argile blanche, - les illites donnent des argiles vertes ou blanches et sont très utilisées pour la cosmétique, - les smectites, la glauconie, les chlorites… les minéraux argileux donnent chacun leur argile aux couleurs et propriétés spécifiques, - le rhassoul est une argile qui « lave » car elle contient des saponines (agents lavants un peu comme du savon).	En Slow Cosmétique, on utilise l'argile pour se laver le corps ou le visage (blanche verte), mais aussi parfois les cheveux (rhassoul). L'argile, alliée à l'eau ou non, possède des propriétés assainissantes, régulatrices, purifiantes voire anti-inflammatoires. L'argile est en effet capable d'absorber les liquides et impuretés mais aussi d'échanger (« adsorber ») les impuretés de la peau en sels minéraux. Les argiles sont donc à la fois des agents « purifiants » et « reminéralisants ». Idéal pour un beau teint.

➜

Le produit clé	Qu'est-ce que c'est ?	Pour quels usages ?
2 ou 3 huiles végétales et/ou beurres	Pressez des noisettes ou des olives : vous obtiendrez de l'huile ! Les huiles végétales sont le « jus gras » des oléagineux ! Il en existe des dizaines et chaque huile est différente. Certaines graines, noix ou fruits donnent du beurre végétal, qui est tout simplement une huile riche en acides gras saturés et donc solide. Dans chaque huile végétale, on trouve des acides gras (dont par exemple les Oméga-3, -6, -9) et des insaponifiables (des actifs anti-âge ou anti-inflammatoires).	La Slow Cosmétique recommande l'huile végétale pour se démaquiller (jojoba, amande douce…), pour s'hydrater et nourrir la peau (bourrache, argan, jojoba…), pour se masser, et pour lutter contre les signes de l'âge ou tout problème de peau (nigelle). L'huile remplace la crème de nuit, et le sérum bonne mine du matin. Elle ne graisse pas la peau si elle est appliquée lors d'un bon massage avec seulement 3 gouttes d'huile aromatisée ou non, chauffées dans les mains.
Le gel d'aloe vera	Le gel d'aloe vera, c'est du jus de la plante « aloès » épaissi avec une gomme pour en faire un cosmétique. Les deux espèces d'aloès les plus usitées en cosmétique sont *Aloe barbadensis* (Miller) et *Aloe ferox*. Le cœur des feuilles âgées est constitué de pulpe composée d'un mucilage clair aux propriétés très émollientes, hydratantes et adoucissantes. On presse cette pulpe pour obtenir du jus. Avec le jus, on peut fabriquer du gel d'aloe vera cosmétique.	La pulpe d'aloe vera est utilisée depuis très longtemps contre les brûlures, dans les soins médicinaux et les cosmétiques. En gel, la Slow Cosmétique l'utilise comme base pour une recette de crème ou de sérum traitant, en cataplasme pour apaiser une irritation ou une plaie, et aussi en petite quantité pour faire un masque liftant et hydratant (même au niveau du contour des yeux). **Attention :** - si vous récoltez vous-même la pulpe d'aloe vera, elle ne s'utilise que mixée pour un masque ou un cataplasme, - pour des soins bénéfiques, choisissez un bon gel d'aloe vera Slow Cosmétique : évitez tout produit dont la liste INCI commence par « *aqua* ».

Le produit clé	Qu'est-ce que c'est ?	Pour quels usages ?
Le bicarbonate de soude	Le bicarbonate de soude (ou bicarbonate de sodium, ou « *baking soda* ») se présente sous la forme d'une poudre blanche entre le sel et la craie. Il provient du raffinage du carbonate de calcium. Le bicarbonate de sodium existe en qualité industrielle ou alimentaire, et c'est cette dernière exclusivement qu'on utilise en cosmétique. Sans odeur, le bicarbonate est soluble dans l'eau. Son pH est très basique (à l'opposé d'un acide). Le bicarbonate ne provoque pas d'allergie, est comestible, biodégradable, non toxique pour l'environnement et la santé. Enfin, il est très économique, ce serait donc dommage de s'en priver !	La Slow Cosmétique utilise le bicarbonate de soude comme : - **Déodorant :** on frotte la poudre sous les aisselles ou les pieds, puis on époussette pour enlever le surplus. - **Exfoliant :** on mélange à parts égales avec de l'huile pour faire un gommage très fin. - **Agent nettoyant :** on le mélange à de l'eau et du vinaigre ou du citron pour avoir une réaction chimique moussante. On obtient un produit ménager pour les surfaces.
Les ingrédients techniques : cires émulsifiantes et conservateurs	Une cire émulsifiante permet de lier 2 phases qui ne se mélangeraient pas sans elle, comme un hydrolat et une huile végétale. Il existe beaucoup de cires émulsifiantes d'origine naturelle ou non, possédant une plus grande affinité avec la peau ou les cheveux, et dont les utilisations varient. La Slow Cosmétique recommande la cire d'abeille, l'Olivem 1000, et la Xyliance surtout.	Les cires sont utiles pour fabriquer des crèmes, des émulsions. Une crème est une émulsion contenant au minimum 3 ingrédients : une phase aqueuse, un émulsifiant et une phase grasse. Sans l'émulsifiant, cela ne devient pas homogène.

Le produit clé	Qu'est-ce que c'est ?	Pour quels usages ?
Les ingrédients techniques : cires émulsifiantes et conservateurs	Un conservateur est un agent antimicrobien et/ou antioxydant. Par exemple, l'alcool est un conservateur antibactérien dans un produit qui contient de l'eau. La vitamine E est un conservateur antioxydant. Pour la Slow Cosmétique, on utilise plusieurs conservateurs : les huiles essentielles surtout (de niaouli ou tea tree ou lavandes) et aussi un des rares composés synthétiques acceptables, à savoir l'alcool benzylique combiné à l'acide déhydroacétique ou non.	Les conservateurs sont utiles pour protéger une formule cosmétique de la contamination bactérienne si elle contient de l'eau et/ou de l'oxydation, si elle contient des corps gras fragiles.
Les huiles essentielles	Reportez-vous page 41.	Reportez-vous page 179.

Comment utiliser les huiles essentielles

Une huile essentielle n'est pas une huile ! C'est l'extrait liquide d'une plante aromatique, obtenu par distillation à la vapeur d'eau.

Les huiles essentielles (HE) sont aujourd'hui bien connues pour leurs vertus médicinales. Elles sont aussi de merveilleux actifs assainissants, anti-imperfections, et anti-âge surtout.

Grâce à leur richesse en molécules aromatiques, les huiles essentielles et essences d'agrumes permettent de traiter beaucoup de petits problèmes de peau au quotidien. Un ouvrage entier pourrait leur être consacré.

Du simple bouton à la petite cicatrice, des plaques sèches aux rides d'expression, il y a pour chaque problème une huile essentielle qui peut aider ! S'il fallait en choisir une seule, ce serait sans doute celle de lavande vraie (*Lavandula angustifolia*). Elle est polyvalente car elle contient des molécules aromatiques très diverses, agissant sur les sphères infectieuse, nerveuse et cutanée à la fois.

Actifs rares et précieux parce que difficiles à produire ou à cause d'un rendement faible, les huiles essentielles doivent être utilisées à bon escient et en toute connaissance de cause.

Leur puissance d'action est énorme, et donc la liste des contre-indications est longue, mais pour la Slow Cosmétique, leur usage ne pose pas de dangers majeurs car on les dose très faiblement. Cela nécessite un peu d'apprentissage, mais leur efficacité est sans comparaison.

Comment les utiliser ?

Quelques règles en un clin d'œil :

- **Pour un soin cosmétique d'usage quotidien**, on dose le produit à 3 % grand maximum (soit 3 ml d'HE pour 100 ml de produit). La concentration normale est de 1 %, car 3 % donnent au produit une action dermocosmétique et font passer les huiles essentielles dans la circulation sanguine.

- **1 ml d'huile essentielle est égal à 25 gouttes** environ chez la plupart des marques, même si cela dépend de l'huile en question, du compte-gouttes, de l'environnement et de la température. Ce qui compte, c'est de respecter un dosage de 0 à 3 % pour vos cosmétiques. Comptez donc toujours grand maximum 6 gouttes d'HE par 10 ml de produit cosmétique (3 %).

- **On ne chauffe jamais les huiles essentielles**, on les ajoute en fin de préparation.

Une huile essentielle n'est pas une huile (elle ne contient pas de lipides), mais elle ne se mélange qu'à des lipides (huiles, crèmes, beurre), à de l'alcool, du dispersant (comme le Solubol), ou à des produits pouvant en recevoir une petite quantité (vinaigre, miel, gel d'aloe vera, argile…). Donc pour un bain aromatique, on prendra soin de les incorporer à un dispersant : lait en poudre, miel, sels (comptez 15 gouttes maxi par bain adulte).

QUELLES HUILES ESSENTIELLES ACHETER ?

Les huiles essentielles sont des produits souvent frelatés, coupés avec une autre huile ou à l'alcool. Renseignez-vous sur la pureté de votre huile essentielle et sa naturalité.

On achète ses huiles essentielles bio chez le pharmacien ou l'herboriste, ou en direct du producteur pouvant donner toute garantie de pureté (voir www.slow-cosmetique.com).

Enceinte ou allaitante ? Pas d'huile essentielle pendant les 3 premiers mois de grossesse, puis seulement en application cutanée et à un dosage cosmétique uniquement, hors abdomen, et exclusivement avec des huiles essentielles bien tolérées : lavande vraie, camomille noble, ravintsara, bois de rose, bois de Hô, agrumes.

Bébé ? Pas d'huiles essentielles chez les bébés sauf encadrement thérapeutique. Dans ce cas seulement, un très faible dosage à partir de 6 mois, et seulement avec quelques huiles essentielles.

Voyez en page 49 pour faire le point sur les huiles essentielles pour bébé et femme enceinte !

Quelle huile essentielle pour quelle action ?

Conserver les produits faits maison : lavandin, lavande vraie, lavande aspic, tea tree, niaouli, tous les mélaleuques, géranium, petitgrain bigarade.

Parfumer les produits faits maison : agrumes, ylang-ylang, lavandes, myrtes, encens, patchouli…

Ajouter des actifs traitants l'acné ou les imperfections à de l'huile ou à du gel romarin à verbénone, tea tree, palmarosa, niaouli, lavandes, carotte sauvage ou cultivée…

Rendre une préparation « anti-âge » : rose de Damas, bois de rose, bois de Hô, hélichryse italienne (immortelle), myrrhe.

Rendre une préparation apaisante : pour peaux sensibles ou rougeurs ciste ladanifère, camomille allemande (matricaire).

À SAVOIR POUR TOUTES LES RECETTES DE CE LIVRE

Dans une recherche de qualité et d'écologie, tous les ingrédients utilisés dans les recettes (huiles essentielles, hydrolats, etc.) devraient être choisis labellisés bio (voir les logos page 11) ou lauréats de la Mention Slow Cosmétique.

Pour les quantités, il est indiqué « cuillère à soupe moderne », cela équivaut à 10 ml. En effet, dans la pharmacopée, 1 « cuillère à soupe » équivaut à 15 ml, or la plupart des cuillères à soupe du commerce font aujourd'hui 10 ml. Nous avons donc préféré noter « modernes » pour plus de justesse.

LA CHECK-LIST DU SHOPPING SLOW

Voici un petit récapitulatif pour ne plus vous faire avoir par les faux semblants de la cosmétique conventionnelle !

- **Repérez la liste INCI sur l'emballage avant d'acheter un cosmétique.** Les ingrédients sont cités dans leur ordre décroissant. Intéressez-vous d'abord aux 5 premiers ingrédients (environ 70 % de la formule). Reportez-vous à la liste page 34 que vous aurez photographiée avec votre téléphone. Vous trouvez un composé synthétique ou pétrochimique ? Éliminez !

- **Pas envie de vous tartiner de pétrole ?** Évitez les huiles minérales un bilan écologique désastreux et elles n'apportent rien à la peau : **paraffinum liquidum, cera microcristallina, mineral oil, petrolatum**...

- **Peau sensible ?** Évitez les ingrédients irritants, les parfums synthétiques, les alcools et alcools gras : **BHT, Triclosan, Lanolin, Methyl/Propyl/Caprylyl –alcohol,alcoolcétyliqueoustéarique,terminaisonsen–ethetsodiumlaureth sulfate, Methyl- ou X-isothiazolinone, parfum...**

- **Écolo ?** Évitez les ingrédients polluants et les silicones : **dimethicone, cyclohexasiloxane... +terminaisons en –one ou –oxane, EDTA, -ylphenol, PEG, PPG...**

- **Envie d'un produit sain et doux ?** Certains ingrédients sont polémiques pour la santé ou l'environnement. Évitons : **Methyl-, Ethyl- et Butylparaben, Phenoxyethanol, Formol-, Quaternium-15, DMDM Hydantoin, Benzophenone...**

- **Envie de vous libérer du brainwashing cosmétique ?** Rendez-vous sur Internet ! Téléchargez nos outils pratiques et découvrez la newsletter et les conseils de la Slow Cosmétique.

Faites aussi votre shopping auprès de nos producteurs lauréats de la Mention sur : **www.slow-cosmetique.com**

Flashez cette page ou retrouvez cette check-list sur : **http://blog.editionsleduc.com/slow-cosmetique.html**

LA SLOW COSMÉTIQUE

pour future maman

La grossesse est une période merveilleuse.
Elle nécessite toutefois quelques adaptations
et entraîne de nombreux changements corporels.
C'est le moment pour les futures mamans
de se faire plaisir et de prendre soin d'elles !
Dans ce chapitre, vous découvrirez quels soins naturels
sont vraiment recommandés aux femmes enceintes
qui veulent adopter la Slow Cosmétique.

Dès le début de la grossesse

Au début de la grossesse, on est en général plutôt euphorique, mais parfois un peu nerveuse et nauséeuse aussi. Les grands changements dans le corps, sur la peau et les cheveux se marqueront un peu plus tard. La mission est simple : prévenir vaut mieux que guérir ☺

Une peau plus élastique

La peau va être soumise à des tensions importantes pendant la grossesse. Et il ne s'agit pas que du ventre ! Il faut donc penser dès le début à mettre toutes les chances de son côté pour garder une peau aussi souple et élastique que possible, qui ne souffrira pas ou peu des vergetures ou d'autres marques.

La nature faisant bien les choses, la peau est en général plus rebondie et plus belle pendant la grossesse, mais un petit coup de pouce en mode Slow Cosmétique sera toujours le bienvenu…

Des huiles essentielles pendant la grossesse : oui ou non ?

On ne cesse de dire et d'écrire que les huiles essentielles sont interdites aux femmes enceintes… C'est vrai pendant les 3 premiers mois, mais moins ensuite. Il convient de faire quelques nuances importantes car beaucoup de femmes se posent des questions sur ce qui est autorisé ou pas. Faisons le point avec des tableaux repères !

2 CONSEILS POUR UNE BELLE PEAU PENDANT LA GROSSESSE

1- De bons acides gras dans l'assiette : les Oméga-3 sont nos amis, surtout en cette période, car ils rendront la peau plus élastique et moins sensible. Ils sont aussi bons pour le moral. On les trouve dans les poissons gras (sardines, foie de morue, maquereaux), mais aussi dans l'huile de rose musquée, de périlla, de noix, de lin, de colza, de cameline, qu'on peut consommer en remplacement du beurre ou sur le riz, les pâtes, les légumes (lisez plus loin **Beauté gourmande** page 51).

2- Des bons acides gras sur la peau. Il faut veiller à utiliser autant que faire se peut des cosmétiques qui contiennent au moins une huile cosmétique riche en Oméga-3 : rose musquée, cameline, colza, de pépins de framboise, églantier ou chanvre… On peut aussi masser chaque jour 5 ou 6 gouttes d'une de ces huiles pures sur les zones suivantes : abdomen, fessiers, hanches et périnée.

Comment utiliser les huiles essentielles pendant la grossesse ?

Période de grossesse	Huiles Essentielles (HE)	Dosage	Remarques
De 0 à 3 mois	NON. Aucune HE n'est autorisée par principe de précaution maximum. On craint surtout la fausse couche à cause de certaines molécules réputées abortives (cétones de la menthe, etc.), qui peuvent provoquer une nausée ou un malaise pouvant mal tourner.	0 %	- On interdit toutes les HE parce que c'est plus facile et plus prudent, mais pas de panique si vous avez utilisé un cosmétique du commerce qui contient une faible quantité d'huiles essentielles ! Il ne causera pas de problème au fœtus, et si vous n'avez ressenti aucune contraction il n'y a vraiment aucun souci à se faire. - On peut utiliser toutes les huiles végétales sauf la nigelle, le neem, le millepertuis, et quelques autres. - On peut utiliser tous les hydrolats par voie externe en quantité cosmétique classique. - On peut utiliser l'argile et l'aloe vera
De 4 à 9 mois	OUI, mais de façon limitée. On se limite à la fois dans le choix des HE et dans les dosages.	1 % maximum pour les soins quotidiens (soit 1 ml d'HE pour 100 ml de produit au total).	- On n'utilise les HE qu'en diffusion avec un bon diffuseur ou en massage pour la beauté, jamais par voie interne et jamais en inhalation directe. - On n'utilise jamais les HE pures pendant cette période, et jamais directement sur l'abdomen. - On dose à 1 % pour les cosmétiques et à 3 % maxi pour les soins spécifiques.

Période de grossesse	**Huiles Essentielles (HE)**	**Dosage**	**Remarques**
De 4 à 9 mois	Pour le choix des huiles essentielles, on se limite à la liste non exhaustive suivante qui permet déjà beaucoup : - *Lavande vraie : boutons, douleurs diffuses, stress.* - *Camomille noble : gratouilles, rougeurs, boutons.* - *Bois de rose ou bois de Hô : ridules, peau atone, manque d'élasticité.* - *Petitgrain bigarade : boutons, stress.* - *Orange douce et mandarine : gel douche anti-stress, plaisir, sommeil.* - *Citron et pamplemousse : impuretés, minceur et fermeté de la peau.* - *Néroli et ylang-ylang : soins anti-âge, cheveux abîmés.* - *Patchouli : jambes lourdes.*	3 % maximum pour les soins ciblés imperfections (soit 3 ml d'HE pour 100 ml de produit au total).	**Repère** pour bien doser : 1 ml d'HE = environ 25 gouttes selon les marques. Cela varie mais en respectant ce repère vous serez toujours proche ou en dessous de la réalité. - 1 goutte d'HE fait donc environ 0.04 ml. À partir de là, faites une règle de 3 : par exemple pour 1 % de 40 ml, comptez 10 gouttes d'HE. - On ne dépasse jamais 6 gouttes d'HE au total par jour. Donc si la dose de déo en contient 1 et la dose de gel douche en contient 2, on est déjà à la moitié ! - On évite à tout prix les HE cétonées, ou réputées abortives ou œstrogen-like : menthes, clou de girofle, cèdre, cyprès, palmarosa, sauges,
1 semaine avant l'accouchement	On peut volontairement réintroduire certaines huiles essentielles qui facilitent le travail et luttent contre le stress du jour J.		Lisez plus loin à Se préparer à l'accouchement en page 68.

Halte aux vergetures : la prévention avant tout !

En prévention, dès le début de la grossesse, on peut faire confiance à certaines huiles vierges pour assouplir un maximum la peau et la nourrir plus que de coutume afin que le derme et l'épiderme résistent mieux aux tensions à venir.

On opte pour le **beurre de karité** si on aime la richesse d'un onguent fondant sur la peau, ou pour l'huile d'amande douce mélangée à parts égales avec de **l'huile de rose musquée ou de calophylle** si on préfère une huile plus facile à masser.

Une beauté gourmande en début de grossesse

Mets de l'huile !

Dès le début de la grossesse et jusqu'à la fin de l'allaitement, la femme a besoin d'un apport suffisant en acides gras essentiels. La communauté scientifique s'accorde à y voir un avantage certain pour le bon développement, surtout cérébral, du fœtus. Les Oméga-3 et les bons Oméga-6 permettent aussi à la jeune maman de vivre plus sereinement les changements physiologiques liés à la grossesse et à l'allaitement. Or, notre alimentation n'est pas assez riche en acides gras Oméga-3. Certaines huiles vierges le sont, et il faut les privilégier dans l'assiette !

BON MASSAGE = PEAU TONIQUE !

Le massage est très important. Il stimule l'échange sanguin et cellulaire et tonifie grandement la peau rien que par son action mécanique. La routine Slow consiste donc à masser énergiquement matin et soir les zones ciblées : fessiers, taille, abdomen et éventuellement les seins. On masse en douceur mais longuement pour bien faire pénétrer l'huile ou le beurre chauffé dans les mains.

RECETTE

Mon huile préventive anti-vergetures pour le début de la grossesse

Pour 50 ml environ

Dans un flacon en verre ambré ou bleuté de 50 ml au moins, versez successivement avant de mélanger :

- **2 cuillères à soupe modernes d'huile de rose musquée si vous en trouvez (cette huile est un luxe, très riche en vitamines et Oméga-3). À défaut, optez pour de l'huile d'églantier ou de cameline, également riches en Oméga-3.**
- **3 cuillères à soupe modernes d'huile d'amande douce bio, ou d'argan bio si on le souhaite.**
- **1 bâton (gousse) de vanille fendu en deux pour le parfum si vous le souhaitez. Il faudra l'y laisser.**

▸ Fermez le flacon, puis mélangez. Si vous avez ajouté la vanille, laissez reposer l'huile au moins 72 heures avant de l'utiliser.

▸ Massez chaque jour cette huile après la toilette en chauffant quelques gouttes dans les mains avant de masser.

▸ Comptez 1 cuillère à café pour masser tout l'abdomen et la taille. Pour les fessiers, par contre 5 gouttes suffisent. Faites bien pénétrer !

Voici les huiles vierges parmi les plus riches en Oméga-3 qui favorisent tant le développement du fœtus que la qualité de la peau et des cellules de maman : **rose musquée, églantier, cameline, chanvre, colza, périlla, lin et noix.**

Des vitamines !

De nombreuses vitamines sont très bonnes pour la peau. Elles la protègent du vieillissement et lui donnent bonne mine. C'est plutôt bienvenu en début de grossesse, quand on est parfois chamboulée, fatiguée ou nerveuse, et que le teint peut se faire terne chez certaines.

Inutile cependant d'avoir recours à des compléments alimentaires (sauf si votre médecin vous les conseille). On veillera simplement à manger varié, frais, bio et équilibré, et à faire la part belle aux fruits. Ces derniers peuvent aussi servir à l'occasion pour la beauté :

- **L'avocat** est riche en acides gras complexes et en nutriments pour la peau. Il sert à merveille pour des masques.
- Le **concombre** est hydratant et repulpant, pour autant qu'on utilise sa chair bien mixée pour faire un masque (oubliez les rondelles).
- Le **miel** est hydratant et cicatrisant à la fois. On peut l'utiliser en masque pendant la grossesse pour adoucir la peau sèche.
- Le **yaourt** bio nature est purifiant. On peut l'utiliser en masque sur la zone T pour resserrer les pores ou nettoyer.
- Le **jus de citron** sera utile dans un masque peeling exfoliant et anti-taches, idéal en début de grossesse. Une goutte de jus de citron sur un bouton, appliquée pendant 1 heure puis rincée, peut atténuer fortement un bouton.

COMMENT CONSOMMER DES HUILES ?

Une huile végétale comme complément alimentaire peut étonner, mais elle est très bonne pour la future maman et le fœtus.

- Au cours de la grossesse, il faut compter 1 à 2 cuillères à café d'huile vierge et bio riche en Oméga-3 par jour, en remplacement d'une autre graisse consommée habituellement sur la journée.
- Si le fait de consommer l'huile telle quelle ne vous plaît pas, alors optez pour des capsules d'huile, souvent à base de rose musquée et d'huile de poisson ou de foie de morue.
- Après l'accouchement, on peut cesser la cure. Certaines mamans averties choisissent alors d'ajouter 1 cuillère à café rase d'huile de rose musquée ou de cameline par jour dans le biberon de bébé pour favoriser son développement cellulaire et nerveux.

RECETTE

Masque visage et cou

Pour un masque

Dans un bol bien propre, versez successivement avant de mélanger :

- **Le jus de ½ orange bio**
- **La chair écrasée de ½ avocat bien mûr**
- **3 gouttes d'huile au choix parmi l'olive, l'argan, la cameline, la rose musquée, l'églantier ou, mieux, l'argousier (plus riche en bêta-carotène)**
- ***En option* : argile blanche ou rouge en poudre**

▸ Une fois obtenue une pâte onctueuse (ajoutez une pincée d'argile blanche ou rouge si vous trouvez que c'est trop liquide), appliquez sur le visage et le cou en couche épaisse (avec un pinceau de cuisine ou avec les doigts).

▸ Laissez alors poser environ 20 minutes. Le masque ne doit pas sécher complètement.

▸ Dès les premiers tiraillements, rincez abondamment avec une serviette invité imprégnée d'eau tiède. La peau est propre, purifiée, et radieuse ! L'effet se voit encore plus le lendemain, avec un teint d'abricot à la clé…

Recette testée et approuvée

Aline Gubri du blog
Consommons sainement

« Une recette ultra facile avec les ingrédients simples de nos placards de cuisine : tout ce que j'aime ! Idéale à faire avec un avocat trop mûr ou filandreux, pour ne pas le gâcher. »

Démangeaisons ? Irritations ? Ma solution Slow !

La nature fait bien les choses ! La plupart des femmes enceintes ont des cheveux plus beaux que jamais. Mais chacune est différente et certaines peuvent souffrir d'irritations provoquant de vilaines pellicules sèches. La Slow Cosmétique est très efficace dans ce cas :

▶ Vérifiez tout d'abord que vous utilisez un **shampoing doux sans sulfate et sans silicone**, et si possible sans parfum (lisez la liste INCI).

▶ Après chaque shampoing, rincez bien. Prévoyez un **dernier rinçage avec une eau vinaigrée**. Comptez 2 cuillères à soupe de vinaigre de cidre bio dans 1 litre d'eau minérale et rincez. L'odeur part au séchage pas de panique. L'apaisement est rapide et les cheveux plus brillants tout de suite.

▶ 2 fois par semaine, avant le shampoing, **massez la tête avec une bonne quantité de gel d'aloe vera** de qualité Slow Cosmétique. L'important est de couvrir le cuir chevelu, et de laisser poser ensuite au moins 20 minutes. On fait le shampoing ensuite pour rincer.

RECETTE

Shampoing maison

Vous n'avez pas encore votre shampoing doux sans sulfates ? Pour vous laver les cheveux sans ingrédients toxiques, sachez que vous pouvez aussi vous laver efficacement avec :

- **2 cuillères à soupe de rhassoul délayées dans un tout petit verre d'eau. Vous obtenez une pâte très liquide qui lave en douceur.**

ou

- **1 œuf battu délayé dans un peu d'eau florale de lavande ou d'eau.**

▸ Ces mélanges liquides s'appliquent sur cheveux mouillés et se travaillent aux doigts. Faites bien couler le long des cheveux, puis rincez bien.

➜ **Truc en plus :** Évitez l'omelette ! Si vous avez utilisé l'œuf, veillez à ne pas rincer à l'eau tiède (et pas chaude !) pour ne pas « cuire » la préparation.

Si des démangeaisons persistent après la deuxième semaine, on peut avoir recours à des vaporisations d'hydrolat de matricaire (camomille allemande) là où ça gratte. On vaporise au plus près du crâne et on laisse sécher sans rien faire. Apaisement garanti.

POUR DES CHEVEUX BRILLANTS !

Vous n'avez pas de démangeaisons ? Tentez quand même **le rinçage à l'eau vinaigrée pour l'effet brillance extrême !**

Une cosmétique discrète

Vous avez appris dans ce chapitre à éviter les huiles essentielles pendant les 3 premiers mois. Très bien. Mais évitez-vous aussi les nombreux ingrédients polémiques pour la santé dans les cosmétiques conventionnels ? Relisez le passage sur les perturbateurs endocriniens au premier chapitre (page 18)

Si votre eau micellaire démaquillante contient du phénoxyéthanol et tutti quanti (ce qui arrive souvent), tout le reste de votre trousse de beauté risque d'être à l'avenant !
Voici quelques idées pour remplacer ce qui fâche au mieux…

Enceinte ? Je remplace…	… par	Remarques
Un lait démaquillant qui m'a menti	De l'huile vierge bio d'amande douce, de noyaux d'abricot, de jojoba ou d'argan versée sur une éponge ou une lingette humide essorée.	La Slow Cosmétique prône le démaquillage en deux temps : à l'huile, avant de passer un peu d'eau florale en fonction du type de peau.
Une eau micellaire truffée de toxiques	Un mélange à 60 % d'huile de jojoba et 40 % d'hydrolat de lavande ou de rose. À bien secouer avant utilisation.	Si on secoue bien, on peut utiliser ce produit sur une lingette comme n'importe quel démaquillant biphasé.
Une eau tonique pas naturelle	Un hydrolat bio choisi en fonction du type de peau (voir page 102)	Sans alcool et donc plus doux, l'hydrolat finit le démaquillage et prépare bien au soin suivant.
Une coloration cheveux irritante	Une coloration végétale chez une marque lauréate de la Slow Cosmétique.	Attention, beaucoup de marques se disent « colorations végétales » mais ne le sont pas !
Ma crème de soin trop chimique	Une crème maison ou une crème lauréate de la Mention Slow Cosmétique. Sans huiles essentielles et sans alcool ni parfum si possible.	La Slow Cosmétique ne recommande la crème que le matin. Le soir, l'huile de beauté suffit.
Mon shampoing aux sulfates	Un shampoing sans sulfates, lauréat de la Slow Cosmétique ou bien une préparation maison au rhassoul.	Relisez page 56.
Mon après-shampoing siliconé	Un peu de gel d'aloe vera Slow Cosmétique sur les doigts, à travailler sur cheveux mouillés.	Démêlant et hydratant à la fois !
Mon gel douche desséchant et polluant	Un savon à froid surgras, sans huiles essentielles.	Zéro toxique et zéro déchet !

Enceinte ? Je remplace…	... par	Remarques
Un fond de teint bourré de plastiques	Un fond de teint minéral d'une marque félicitée par la Mention Slow Cosmétique	Les fonds de teint minéraux s'appliquent plus souvent au pinceau pour un résultat optimal.
Un vernis plein de substances douteuses	Une manucure au naturel : l'ongle est blanchi sur le bord libre au citron, et ensuite poli avec un polissoir.	Plus naturel mais tout aussi chic si l'ongle est bien limé, et sans toxicité aucune.
Le blush, les fards et le mascara conventionnels	Du maquillage lauréat de la Mention Slow Cosmétique, idéal pour la peau sensible et réactive.	On croit souvent à tort que le maquillage bio et Slow n'existe pas, mais on trouve de tout !
Un rouge à lèvres à la cochenille et au pétrole	Un rouge à lèvres bio un peu moins rouge, mais qu'on peut rehausser avec un gloss ou un baume maison (lisez la recette page 60).	En maquillage Slow Cosmétique, les rouges à lèvres existent mais sont moins rouges et parfois moins tenaces. On peut donc avoir recours aux crayons à lèvres et rehausser avec un corps gras brillant.

→ **Envie d'un shopping sain ? Surfez sur slow-cosmetique.com ! Vous y trouverez une sélection spéciale grossesse avec des produits vendus en direct par le producteur et validés par l'Association Slow Cosmétique. ☺**

RECETTE

Mon baume à lèvres embellisseur

Pour un petit pot de 15 g environ (type petit pot de confiture d'hôtel de 15 ou 20 g).

Dans un récipient adapté (pyrex), faites fondre au bain-marie très doux :

- **2 cuillères à soupe modernes d'huile végétale de jojoba**
- **1 cuillère à café de cire d'abeille en pastilles (en magasins bio ou sur Internet)**
- **1 cuillère à café de beurre de karité**
- **Pour la couleur (facultatif) : du jus de betterave (rayon jus en magasins bio ou sur Internet)**
- **Pour le parfum (facultatif) : huile essentielle de pamplemousse**

▸ Retirez du feu une fois le mélange homogène. Patientez 1 minute pour que le mélange commence à se figer.

Pour la couleur

Si vous le voulez « transparent », ce baume est terminé.

Si vous le voulez « rosé », il faut le colorer avec un peu de jus de betterave :

▸ En touillant avec un petit fouet ou une spatule, ajoutez progressivement 1 cuillère à café de jus de betterave à la préparation liquide. Vérifiez la teinte et ajoutez encore 1 cuillère à café de jus de betterave si vous souhaitez un rose plus soutenu. L'équivalent d'1 cuillère à soupe doit suffire pour obtenir une teinte de fraise écrasée. Vous pouvez cependant vous limiter à une teinte rose clair en utilisant moins de jus de betterave.

Pour le parfum

▸ Avant que le baume ne se fige, ajoutez encore 1 à 2 gouttes de pamplemousse pour donner un goût agréable.

▸ Touillez encore et versez dans un petit pot désinfecté, en verre ou en plastique.

▸ Laissez reposer 24 heures au réfrigérateur.

RECETTE

Mon baume à lèvres embellisseur (suite)

Ce brillant à lèvres s'applique au pinceau à lèvres sur les lèvres nues ou déjà dessinées avec un crayon à lèvres rouge/framboise. Il se conserve sans problème pendant 1 mois à température ambiante et à l'abri de la lumière.

Recette testée et approuvée

Shirley du blog *Je suis modeste*

« Une liste d'ingrédients minimaliste et accessible à tous. On adore le confectionner avec ma fille le mercredi après-midi. »

Dès le 4e mois

Ça y est ! Le corps tout entier est transformé, et à vrai dire tout le métabolisme aussi ! Cela peut engendrer des petits tracas de beauté sans gravité qu'on aura vite oubliés tant le bonheur est grand.

SOS bobos de femme enceinte

Ce n'est pas parce qu'on est enceinte que la vie active s'arrête ! Métro, boulot, dodo, le rythme reste le même mais le corps peut avoir plus de mal à suivre. Pour les petits maux et pour certains tracas de beauté, voici des astuces et recettes adaptées à la grossesse (par ordre alphabétique)…

PETIT RAPPEL SUR LES HUILES ESSENTIELLES

Comme vous l'avez lu dans ce chapitre, les huiles essentielles sont autorisées à partir du 4e mois de grossesse mais pas n'importe comment ! On est limité dans le choix des huiles et dans leur dosage, ainsi que pour leur mode d'application. Relisez obligatoirement le tableau didactique en page 49.

Bouton isolé

Si un vilain bouton rouge et douloureux apparaît, il ne faut surtout pas y toucher avec les doigts ! On peut soit appliquer 1 goutte d'huile essentielle de lavande vraie (*lavandula angustifolia*) sur le bouton toutes les 2 heures pendant 8 heures, mais le résultat est aléatoire, soit avoir recours au vinaigre de cidre.

On applique avec un bâtonnet de type Coton-Tige du vinaigre de cidre pur sur le bouton, et ce jusqu'à 6 fois par jour. Le bouton se résorbe en 24 heures environ.

Boutons diffus de type acné

Pendant la grossesse, si le visage se couvre de boutons, il faut consulter. Mais si l'on souffrait d'acné avant et qu'on aimerait une peau plus lisse et belle, on peut avoir recours à une routine simple : lire l'encadré ci-dessous et la recette page 63.

MA ROUTINE BELLE PEAU

Le matin : on se débarbouille avec le vinaigre de toilette sur un coton, puis on place dans le creux de sa main 2 gouttes généreuses de gel d'aloe vera, 2 gouttes d'huile de noisette ou de noyaux d'abricot, et 2 gouttes de vinaigre de toilette. On frotte les paumes pour émulsionner et on masse le visage.

Le soir : on nettoie sans savon, avec un gel moussant Slow ou de l'huile rincée à l'hydrolat, et on passe ensuite soigneusement du vinaigre de toilette maison (recette page 63) sur le visage. On place ensuite dans le creux de sa main 3 gouttes généreuses d'huile de noisette ou de noyaux d'abricot. On frotte pour chauffer l'huile et on masse.

Cette routine étonnante assainit la peau vite et bien, sans l'abîmer.
Le vinaigre de toilette se prépare à l'avance (voir recette page 63).

RECETTE

Mon vinaigre de toilette

Pour 100 ml environ

Dans un flacon spray bien propre de 100 ml au moins, en verre, alu ou plastique, versez successivement :

- **1 grosse cuillère à soupe (15 ml) de vinaigre de cidre bio**
- **3 gouttes d'huile essentielle de lavande vraie (lavandula angustifolia)**
- **Un peu moins de 100 ml d'eau minérale**

▸ Fermez le flacon et agitez avant utilisation. Amorcez la pompe puis utilisez comme une lotion classique.

▸ La préparation se conserve environ 2 mois sans problème.

➜ **Truc en plus : Vinaigre multiusage** : ce vinaigre va vous servir à la fois de lotion purifiante pour le visage (il régule le pH et assainit), mais aussi de déodorant car il est anti-odeur ! On peut même, si on le souhaite, ajouter les 100 ml de ce vinaigre à 500 ml d'eau minérale pour obtenir une eau de rinçage pour les cheveux qui redonne brillance et force !

Recette testée et approuvée

Marie du blog *MamanYoupie*

« *Cette recette est absolument géniale pour avoir les cheveux doux après un shampooing. En plus, ça éloigne les poux. Parfait pour mes enfants !* »

Shirley du blog *Je suis modeste*

« *C'est un indispensable pour avoir des cheveux brillants, un cuir chevelu plus fort et qui ne démange pas !* »

RECETTE

Mon peeling doux anti-taches au citron

Pour un masque peeling à usage unique

Dans un bol, versez successivement :

- **Le jus de ½ citron**
- **2 cuillères à soupe d'eau minérale**
- **1 cuillère à soupe de miel liquide**

▸ Touillez, puis trempez des disques de coton ou des compresses dans le liquide obtenu.

▸ Essorez, puis posez les disques sur le visage (surtout la zone tachée) en veillant à ne pas laisser couler dans les yeux.

▸ Laissez poser 20 minutes si possible (ça pique un peu). Rincez ensuite soigneusement avec de l'eau claire. Réhydratez avec votre crème de jour classique.

Chloasma (masque de grossesse)

Beaucoup de femmes enceintes sont touchées par de l'hyperpigmentation durant la grossesse. C'est en lien direct avec l'activité hormonale qui stimule la production de mélanine. Lorsque cela se marque fort et relativement symétriquement sur le visage, on parle de masque de grossesse.

Aucun cosmétique ne peut faire disparaître les taches brunes typiques de cette affection, mais voici quelques bons conseils à mettre en œuvre dès qu'on note un changement de pigmentation :

▸ **Protégez farouchement votre visage du soleil** : portez un chapeau et restez à l'ombre.

▸ Maquillez-vous lors de chaque sortie avec un **fond de teint minéral et des produits de maquillage lauréats de la Mention Slow Cosmétique.**
Ils égalisent le teint mais protègent aussi du soleil.

▶ Si l'exposition au soleil est inévitable, ou que vous ne vous maquillez pas, **optez pour un soin solaire lauréat de la Mention Slow Cosmétique** dont l'indice est de 20 au moins. Chauffez une petite quantité de crème et massez le visage non maquillé avant de sortir.

▶ 2 fois par semaine, faites un peeling doux au jus de citron (recette page 64).

Crevasses

Avec le poids de bébé et le changement de posture, ce sont les pieds qui trinquent !

Pour éviter les crevasses et assouplir les talons, massez-vous tous les soirs, de la plante des pieds jusqu'aux chevilles, avec du beurre de karité.

Pour garder les mains douces, massez-les avec une noisette de karité chaque soir au coucher. Et si vous pouvez dormir avec des gants de coton ou des chaussettes par-dessus les menottes, c'est un vrai soin de luxe offert à vos mains et vos ongles. Si les crevasses sont là, utilisez la recette de baume cicatrisant qui suit.

RECETTE

Mon baume anti-crevasses (main, pied)

Pour un pot de 20 g environ

Pesez les ingrédients suivants avec une balance de précision puis mettez-les dans un récipient qui supporte le bain-marie :

- **9 g de beurre de cacao brut (protecteur)**
- **5 g de cire d'abeille**
- **5 g d'huile de calophylle ou tamanu (cicatrisante)**

▸ Laissez fondre au bain-marie pour obtenir une huile homogène.

▸ Hors du feu, mélangez doucement et ajoutez 4 gouttes d'huile essentielle de ciste (cistus ladaniferus).

▸ Versez dans un petit pot de 20 ml au moins (environ 2 cuillères à soupe) et laissez durcir pendant 24 heures. Appliquez ce baume fondant sur chaque crevasse, chaque jour jusqu'à cicatrisation.

Égratignures

Vous êtes un peu plus maladroite ces temps-ci ? L'application d'huile de calophylle pure sur des griffures ou des petites plaies est parfaite pour favoriser une cicatrisation rapide pendant la grossesse. Cette huile contient des agents cicatrisants et anti-infectieux à la fois.

Jambes lourdes

Désagrément courant pendant la grossesse, la sensation de jambes lourdes est due à une mauvaise circulation sanguine.

Pour relancer la circulation retour au niveau des jambes et pour les alléger, rien de tel qu'un massage des jambes, chaque matin, à l'huile de calophylle. Certes, son odeur n'est pas digne d'un cosmétique de luxe, mais son efficacité sur les vaisseaux sanguins et lymphatiques est sans égale.

Commencez par une douche à l'eau froide sur les pieds, les chevilles et les mollets. Massez ensuite l'équivalent de 1 cuillère à soupe d'huile sur les deux jambes, des pieds jusqu'en haut des cuisses. Pour une pénétration optimale et un effet bluffant, effleurez doucement vos jambes mais de façon tonique, toujours vers le haut du corps. Vous ne trouvez pas l'huile de calophylle assez pénétrante. Vous pouvez la « couper » avec de l'huile d'amande douce ou de noyaux d'abricot à parts égales pour faciliter l'application et atténuer son odeur forte, ou utiliser la recette page 67.

Vergetures

En prévention, nous avons déjà vu dans ce chapitre qu'il convenait de masser chaque jour les zones sensibles avec de l'huile riche en Oméga-3. Relisez les conseils et la recette d'huile préventive anti-vergetures en page 52.

Si les vergetures sont là, il faut continuer la routine car elle limitera les dégâts. On ne pourra de toute façon s'attaquer sérieusement aux vergetures installées qu'après l'allaitement car des huiles essentielles puissantes sont nécessaires.

RECETTE

Mon huile anti-jambes lourdes

Pour 50 ml d'huile environ

Versez successivement dans un flacon de 50 ml au moins (en verre teinté si possible) les ingrédients suivants :

- **2 cuillères à soupe modernes d'huile de calophylle bio (calophyllum inophyllum ou tamanu)**
- **2 cuillères à soupe modernes d'huile d'amande douce**
- **15 gouttes d'huile essentielle de patchouli (pogostemon cablin)**
- **5 gouttes d'huile essentielle de citron bio (essence du zeste)**

▸ Mélangez puis utilisez en petite quantité dans les paumes pour masser les jambes de bas en haut, chaque matin si possible.

▸ Cette huile se conserve au moins 6 mois à l'abri de l'air, de la lumière et de la chaleur. Ne pratiquez jamais un bain de soleil après avoir massé cette huile car elle contient calophylle et essence de citron.

➜ **Important,** cette huile n'est utilisable qu'à partir du 4e mois car on y met de l'huile essentielle de patchouli.

Se préparer à l'accouchement

L'accouchement approche ! Il est temps de se préparer. Voici quelques réponses à des questions cosmétiques toutes simples qu'on est en droit de se poser…

Épilation : utile ou pas ?

Peut-être craignez-vous le rasage express qui est souvent pratiqué à la maternité. Ce rasage n'est pas systématique sauf en cas d'épisiotomie (autour du vagin) ou de césarienne (haut du pubis). Il est moins doux que ce que vous pouvez faire à la maison ou à l'institut.

Si vous optez pour le rasage maison, lavez-vous au savon à froid, rincez puis séchez. Massez ensuite une quantité généreuse d'huile d'amande douce ou d'olive sur les zones concernées et rasez avec une lame propre. Vous pouvez demander l'aide d'une amie ou de votre chéri. Appliquez ensuite un peu de gel d'aloe vera pour bien apaiser.

Hygiène : se laver à quel point ?

Peut-être craignez-vous de ne pas avoir l'air « propre » pour l'accouchement, voire même de déféquer. Ne paniquez pas, c'est normal. Veillez à vous laver au savon à froid surgras ou au gel sans savon avant le départ si possible, et **emportez ensuite un petit flacon spray d'hydrolat de lavande, de fleur d'oranger, de rose ou de géranium** avec vous. Il sera utile si vous souhaitez vous rafraîchir les zones intimes mais aussi le corps qui transpire, à intervalles réguliers.

Sachez que vous pouvez aussi pratiquer un petit lavement avant l'accouchement si vraiment vous le souhaitez, avec un suppositoire à la glycérine par exemple. Parlez-en au pharmacien et à la sage-femme.

Périnée : va-t-il tenir le coup ?

La question devrait se poser en début de grossesse. Pour un accouchement en souplesse, on a tout intérêt à avoir un périnée élastique et résistant à toute épreuve.
Préventivement et dès le début de la grossesse, le geste malin a consisté à masser chaque jour la zone du périnée (entre le vagin et l'anus) avec une petite quantité d'huile de rose musquée ou d'églantier (ou à défaut une autre huile riche en Oméga-3) chauffée dans la main. Lors de ce massage qui doit bien faire pénétrer l'huile, contractez et relâchez le muscle du périnée pour vous entraîner.
Si vous n'avez pas anticipé, sachez que le massage du périnée à l'huile peut se

pratiquer jusqu'au dernier moment, et que c'est toujours cela de pris ☺.

Vais-je rester zen ?

Peut-être vous sentez-vous trop nerveuse, et terrorisée. Parlez-en à quelqu'un, c'est la première chose à faire. Ensuite, pensez aux bienfaits de l'aromathérapie. Une semaine avant l'accouchement, sachez qu'à chaque angoisse ou stress, vous pouvez appliquer 1 goutte d'huile essentielle sur les poignets. On opte pour une goutte de petitgrain bigarade ou de rose de Damas, au choix. On frotte les poignets l'un contre l'autre et on respire 3 fois profondément. On peut faire cela jusqu'à 3 fois par jour sans souci.

Pensez aussi à vous faire masser le bas du dos par votre partenaire. La recette d'huile relaxante pour l'accouchement qui suit peut s'utiliser dès 5 jours avant la date fixée (cela peut déclencher et faciliter le travail).

RECETTE

Huile de massage relaxante pour l'accouchement

Pour 15 ml environ

Dans un flacon en verre ambré ou bleuté de 15 ml au moins, versez successivement :

- **8 gouttes d'huile essentielle de sauge sclarée (salvia sclarea)**
- **13 gouttes d'huile essentielle de lavande vraie (lavandula angustifolia)**
- **4 gouttes d'huile essentielle de clou de girofle (eugenia caryophyllus)**
- **3 cuillères à café d'huile de noyaux d'abricot ou d'amande douce au choix**

▸ Agitez puis laissez reposer un instant. Utilisez pour un massage tendre et doux, à partir de J-5 et PAS AVANT. 1 ou 2 fois par jour maxi, massez 5 gouttes du mélange sur le bas du dos ou sur la zone où la maman le souhaite, mais jamais sur le ventre ni sur le visage.

➜ **Truc en plus pour avant et pendant l'accouchement** : cette huile décontracte très vite et détend les nerfs, mais elle est aussi là pour que le travail démarre et soit régulier ensuite (sauge sclarée + clou de girofle = la combinaison idéale des sages-femmes d'antan !).

Quelques astuces pour un accouchement harmonieux

C'est le jour J ! Les contractions sont régulières et rythmées… on file à l'hôpital !

- **Emportez un petit flacon spray d'hydrolat** de rose, de géranium, de fleur d'oranger ou de lavande au choix. Il vous servira de brume fraîche pour le corps, pour l'intimité et pour le front.

- **Emportez un spray d'eau minérale**, il sera utile pour vous faire humidifier la bouche pendant le travail si l'on vous a interdit de manger et boire.

- Si vous aimez l'aromathérapie, **emportez votre huile de massage relaxante** pour l'accouchement (voir recette page 69). À ce stade, on recommande l'application de 3 à 5 gouttes du mélange en friction sur le bas du dos ou la colonne.

Solutions Slow post-accouchement

Voici quelques astuces Slow Cosmétique pour que tout se passe au mieux après l'accouchement…

Huiles essentielles

Elles ne vous sont pas encore tout à fait autorisées si vous allaitez. Pendant l'allaitement, suivez précisément les recommandations relatives aux huiles essentielles pendant la grossesse (voir tableau *Dès le 4e mois*) en page 49.

Si vous n'allaitez pas, alors la routine Slow Cosmétique peut se faire avec ou sans huiles essentielles, au choix.

Mamelons : anti-crevasses !

Vous allaitez ? Très bien. L'huile végétale de rose musquée peut vous éviter bien des souffrances si vos mamelons sont crevassés.
Après chaque tétée, le bon geste consiste à laisser le mamelon nettoyé quelques instants à l'air libre, puis à masser 2 ou 3 gouttes d'huile sur le mamelon jusqu'à pénétration. La cicatrisation se fait rapidement et il n'y a aucune contre-indication pour le bébé à la tétée suivante.

Attention cependant, cette huile peut tacher vos vêtements si vous ne la faites pas pénétrer suffisamment.

Cicatrices

L'huile de calophylle favorise la cicatrisation, c'est là sa principale action et la mieux documentée scientifiquement. On peut donc envisager de masser la zone du périnée après l'accouchement s'il a été endommagé (épisiotomie, déchirure), ou sur toute cicatrice dont on voudra minimiser l'importance après une chirurgie (césarienne).

Le massage est alors très délicat, et se fait uniquement à partir du moment où la cicatrice est déjà refermée.

À faire quotidiennement à deux reprises sur la cicatrice, tout en douceur.

RECETTE

Mon huile de soin « gommante » pour vergetures installées

À n'utiliser qu'après la période d'allaitement

Pour 15 ml environ

Dans un flacon compte-gouttes en verre ambré ou bleuté de 15 ml, versez successivement avant de mélanger :

- **1 cuillère à soupe d'huile de rose musquée ou d'églantier, au choix**
- **40 gouttes d'huile essentielle d'immortelle (hélichryse italienne)**
- **15 gouttes d'huile essentielle de sauge sclarée**
- **40 gouttes d'huile essentielle de cajeput, ou niaouli, ou lavande vraie au choix**

▸ 2 à 3 fois par jour, appliquez 1 à 2 gouttes de cette huile fortement aromatisée sur chaque vergeture et massez très activement pour faire pénétrer. Les résultats ne seront visibles qu'après 1 mois au mieux, patience donc.

➜ **Attention** : cette huile de soin ne convient pas aux femmes enceintes ou allaitante, ni aux femmes souffrant d'un cancer hormono-dépendant ! Si vous êtes dans ce cas, suivez seulement les conseils en page 52 et la recette d'huile préventive !

La routine Slow Cosmétique spéciale grossesse, en un clin d'œil

De 0 à 3 mois inclus

Le matin

- Je rafraîchis mon visage à l'eau fraîche.
- Je pratique un peu de gym douce si on me l'a recommandée ou si j'en ai envie.
- Je prends ma douche avec un savon à froid surgras sans huiles essentielles ou un gel lavant neutre sans sulfates ni parfum.
- Je me lave les cheveux avec un shampoing doux sans sulfates. Si je veux démêler, j'utilise un peu de gel d'aloe vera sur cheveux mouillés.
- J'utilise un déodorant sans huiles essentielles et sans perturbateurs endocriniens. Je peux me limiter à un hydrolat d'hamamélis ou à du bicarbonate de soude frotté sous les aisselles et épousseté ensuite.
- Je masse mes fessiers, mon ventre, mes hanches avec de l'huile riche en Oméga-3.
- J'utilise une crème de jour lauréate de la Mention Slow Cosmétique riche en huile qui contient des Oméga-3 ou de bons Oméga-6.
- Je me protège du soleil avec du maquillage minéral ou un soin solaire SPF20 si je dois exposer mon visage.
- Je me maquille uniquement avec du maquillage sans perturbateurs endocriniens, si possible lauréat de la Mention Slow Cosmétique.
- Je ne me parfume plus au parfum synthétique. J'utilise sur mes vêtements soit une eau de Cologne naturelle, soit des hydrolats de fleur d'oranger, de géranium ou de rose, si je veux un parfum à tout prix.
- 2 fois par semaine, je me prépare un masque maison en fonction de mes besoins avec de l'avocat, du miel, du citron ou du yaourt par exemple…

Le soir

- Je me démaquille soigneusement à l'huile d'amande douce, de jojoba, d'argan ou de noyaux d'abricot.
  Je termine avec de l'hydrolat adapté à mon type de peau sur une lingette ou un coton.
- Si je nettoie mon visage, j'utilise un savon à froid bien surgras et sans huiles essentielles.
- Je masse mon visage et les zones du corps soumises aux tensions avec de l'huile riche en Oméga-3.

De 4 à 9 mois

C'est la même routine, mais, si on le souhaite, avec les huiles essentielles autorisées et aux dosages recommandés (voir tableau page 49).

Si j'ai un bobo particulier, je peux suivre les conseils donnés dans ce chapitre (voir pages 61-66).

LA SLOW COSMÉTIQUE

pour les enfants, petits et grands !

Dans ce chapitre, nous allons voir que la trousse parfois offerte à la maternité, souvent hélas pleine de cosmétiques industriels, est tout à fait remplaçable en mode Slow Cosmétique. Bébé ne mérite-t-il pas des soins à la fois naturels et non polémiques pour la santé ? Elle ou il va adorer se faire chouchouter avec le meilleur des huiles et de la nature ! La Slow Cosmétique peut aussi répondre aux petits bobos des enfants puis, plus tard, aux soucis de peau des adolescents. Dans ce chapitre, vous trouverez la solution Slow aux besoins les plus courants des jeunes, de 0 à 18 ans !

La Slow Cosmétique pour bébé

La toilette de bébé

Les gels lavants pour bébé du commerce contiennent bien souvent des sulfates (irritants) ou des ingrédients réputés être des perturbateurs endocriniens, comme le phénoxyéthanol. Lisez la liste des ingrédients avant chaque achat ! C'est pareil pour les lingettes pour bébé, alors qu'elles sont pourtant déconseillées pour le siège de l'enfant si elles contiennent ces ingrédients. C'est fou, mais c'est tout à fait règlementaire. On truffe aussi les produits de toilette pour bébé d'huiles minérales et de parfums synthétiques… Et si on envisageait une toilette un peu plus Slow ?

Comment laver bébé ?

Lorsque bébé est au bain, on pourrait à vrai dire le laver uniquement avec de l'eau. Toutefois l'utilisation d'un savon à froid surgras et sans huiles essentielles est tout à fait respectueuse de sa peau et permet un lavage optimal. On en trouve sur slow-cosmetique.com en direct auprès des producteurs qui y vendent leurs produits. Sinon, dans certains magasins bio mais lisez bien la liste des ingrédients pour éviter tout ce qui n'est pas végétal, et écarter la présence de toute huile essentielle ou parfum de synthèse.

Se passer des lingettes jetables

Pour débarbouiller bébé, les lingettes imprégnées jetables sont certes très pratiques mais leur impact écologique est critiquable (car on les jette). ET c'est sans parler de la formule de la lotion qui les imprègne, souvent truffée d'ingrédients pétrochimiques ou de perturbateurs endocriniens !

Pourquoi ne pas les remplacer par des lingettes réutilisables en fibres de bambou ou d'eucalyptus telles que celles que l'on trouve à présent en magasins bio et sur Internet ? Il suffira alors de les humidifier (voir la suite page 78).

RECETTE

Mon liniment oléo-calcaire pour bébé et maman

Pour 200 ml de liniment environ

Au bain-marie, faites fondre ensemble :

- **4 g de cire d'abeille (en magasin bio ou sur Internet) ;**
- **100 ml d'huile d'olive, de noyaux d'abricot ou un mélange des deux (50 ml d'olive + 50 ml de noyaux d'abricot)**
- **100 ml d'eau de chaux**

▸ Dès que la cire est fondue dans l'huile chaude, retirez du bain-marie et ajoutez 100 ml d'eau de chaux en fouettant à la fourchette bien propre. Vous devez obtenir un lait crémeux de couleur jaune.

▸ En vous aidant d'une spatule et d'un entonnoir, versez le liniment dans un flacon bien désinfecté au préalable avec un peu d'alcool. Par exemple, vous pouvez récupérer un flacon pompe qui contenait un savon liquide.

▸ Placez le liniment au réfrigérateur pendant 24 heures pour le laisser épaissir un peu. Retenez que le liniment tel quel se conserve 2 semaines.

▸ Vous pouvez à présent utiliser le liniment comme lait de toilette pour bébé, et même comme un lait démaquillant pour vous, si cela vous chante !

→ **Attention à la conservation !**
Ne fabriquez pas de liniment pour un usage qui dépasse les 2 semaines, sinon un conservateur serait nécessaire.

Recette testée et approuvée

Shirley du blog *Je suis modeste*

« *Un indispensable dès la naissance de bébé. Rapide, simple et sain, je ne cesse de le refaire pour mon petit dernier.* »

À l'eau savonneuse, pensez à râper quelques copeaux de savon à froid surgras sans huiles essentielles dans le fond d'une bouteille d'eau minérale vide. Remplissez-la ensuite avec de l'eau chaude, et emportez-la partout avec vous pour une petite toilette express après un lange par exemple.

Au liniment, lisez la recette page 77. De nombreuses mamans utilisent depuis des lustres le liniment oléo-calcaire comme soin nettoyant très doux pour la toilette de bébé et le change. Ce lait de toilette épais est fabriqué à base d'huile végétale et d'eau de chaux (en pharmacie), émulsionnées avec de la cire d'abeille. Simplissime à réaliser. L'avantage par rapport aux laits de toilette classiques ? Le liniment est 100 % naturel et ne contient pas d'huiles pétrochimiques ni d'ingrédients polémiques pour la santé. Il est particulièrement recommandé pour les peaux atopiques ou sensibles. La recette traditionnelle du liniment oléo-calcaire est à base d'huile d'olive mais, pour une version plus élaborée et encore plus douce, on peut allier l'olive et le noyau d'abricot.

Le change

Au moment du change, nettoyez bien les fesses de bébé avec du liniment ou de l'eau savonneuse (voir recettes précédentes pages 76-77), rincez et séchez-les soigneusement avant d'appliquer éventuellement du beurre de karité ou du macérât huileux de calendula pour prévenir l'érythème fessier.
Le beurre de karité bio est l'idéal en fin de change, car il isole la peau de bébé grâce au latex végétal qu'il contient. Ainsi, même en contact avec l'urine ou les selles, la peau est moins susceptible de s'irriter. Le geste est relativement simple : prélevez une noisette de beurre de karité avec vos doigts, chauffez le beurre pour qu'il devienne huile onctueuse, puis massez les fesses et l'intimité de bébé.

Les soins de bébé (corps, cheveux, solaires, visage)

Votre bébé n'a pas vraiment besoin d'une « routine beauté » ou de soins compliqués. La peau des bébés est en effet naturellement protégée et maintient le taux d'hydratation grâce à une pellicule (le « vernix ») présente à la naissance sur la peau de bébé, qui desquame ensuite et se transforme en un film hydrolipidique classique (sébum et sueur). Cependant, on adoptera certains gestes cosmétiques lorsque les circonstances le justifient…

L'HUILE D'AMANDE DOUCE À ÉVITER POUR LES BÉBÉS ALLERGIQUES !

De nombreuses mamans utilisent spontanément pour leur bébé de l'huile d'amande douce mais celle-ci ne convient pas aux enfants réputés allergiques aux fruits à coques. **L'huile de noyaux d'abricot** convient donc mieux et les bébés l'apprécient. On lui préfère parfois le **macérât huileux de calendula** qui peut être massé directement sur la peau d'un bébé ou d'un enfant en bas âge après le bain, mais c'est plus cher. Le calendula est surtout très recommandé en cas de rougeurs au niveau des fesses de bébé, ou en cas de plaques sèches qui démangent.

Peau sèche

De plus en plus de bébés présentent très tôt une peau dite « atopique », avec un film hydrolipidique déficient et d'autant moins efficace. C'est la voie royale pour l'eczéma du nourrisson, ou de l'enfant si la situation perdure. Des études récentes tendent à prouver que la peau des enfants de 6 à 12 ans est plus sèche que celle des adultes. Produisant peu ou pas de sébum, la peau d'un enfant ou d'un bébé à peau atopique a un indice lipidique 10 fois inférieur à celui d'un adulte. La perte naturelle en eau est plus importante chez ces petits, d'où l'intérêt d'hydrater régulièrement leur peau avec un soin adapté tel qu'une huile.

L'huile de noyaux d'abricot est hydratante, très douce et bien tolérée par les peaux fragiles. Elle convient bien aux enfants, tout comme l'huile de jojoba et le macérât huileux de calendula.

Après la toilette, vous pouvez terminer en massant votre enfant avec quelques gouttes d'huile de noyaux d'abricot ou de calendula. Chauffez-en une petite quantité entre les mains avant de masser le visage et le corps de l'enfant.

TUTO

Comment masser bébé au naturel ?

C'est un moment riche en émotions et très bénéfique pour l'enfant comme pour la maman. Idéalement, on masse le bébé après le bain et avant le coucher pour l'apaiser ou pour lui faire découvrir son corps. Renseignez-vous toujours auprès de spécialistes, lisez un livre sur le sujet ou visionnez des vidéos sur Internet pour apprendre à masser votre bébé comme il se doit. Voici néanmoins quelques étapes majeures du massage du bébé.

Prise de contact

Votre bébé est nu, allongé sur le dos sur une table du type table à langer recouverte d'un tissu doux ou d'un plaid. Il est bien maintenu (par la table, le plaid, des coussins…) et vous lui faites face. Annoncez-lui le massage et saisissez-lui doucement les pieds joints en les ramenant vers son petit ventre pendant que vous lui expliquez ce que vous faites et pourquoi. Terminez cette manœuvre en chauffant un peu d'huile dans les mains pour commencer le massage sur le ventre ou sur le dos, au choix.

Massage du ventre ou du dos

En utilisant le plat des mains, effleurez le corps de votre bébé en dessinant un grand « X » qui va des épaules aux hanches. Partez de l'épaule droite pour descendre lentement vers le flanc gauche, et vice versa, à plusieurs reprises. On pratique une dizaine de fois ces lissages sans trop appuyer mais de façon plus accentuée que pour une caresse.

Une fois l'abdomen ou le dos massé, retournez votre bébé pour faire de même de l'autre côté puis n'oubliez pas de le couvrir avec un plaid pour qu'il ne prenne pas froid pendant que vous continuez le massage sur le reste du corps.

Massage des jambes et des pieds

Qu'il soit allongé sur le dos ou sur le ventre, vous pouvez masser les jambes de votre bébé en partant du haut de la cuisse jusqu'au pied. L'idée est d'effleurer la jambe de haut en bas, après l'avoir saisie doucement à l'aide d'une main, puis de l'autre. Pour finir, vous pouvez aussi masser les plantes de pieds de votre bébé en y pratiquant de petits cercles avec le pouce. Même les orteils peuvent être massés. Détente garantie car le bébé n'est pas chatouilleux si la pression est bonne.

Massage des bras

Procédez comme pour les jambes mais en partant des épaules jusqu'aux mains et aux doigts. Attention, étirez légèrement le bras mais ne « tirez » pas dessus. Un subtil mélange de douceur et de fermeté est de rigueur.

Les cheveux de bébé

Bon nombre de shampoings pour bébé existent, mais très peu d'entre eux sont véritablement doux et naturels à la fois. Certes, leur pH est acide et donc neutre pour la peau, et ils ne contiennent pas ou peu de parfum. Mais vérifiez la liste des ingrédients et intéressez-vous aux PEG, aux sulfates, et aux conservateurs… Vous serez étonné(e).

En mode Slow Cosmétique, **on lave le corps de bébé à l'eau et au savon à froid surgras sans huiles essentielles**, mais pas les cheveux ! La tête du bébé est en effet en phase de surproduction de sébum, et il vaut mieux un pH légèrement acide. On vous recommandera donc plutôt un gel lavant neutre et doux, sans sulfate et sans parfum, que pourra utiliser d'ailleurs toute la famille. On trouve de tels gels lavants et shampoings sur slow-cosmetique.com ou en magasins biologiques.

Comment shampouiner votre bébé ?

Autant le bain est sympathique pour bébé, autant il n'aime pas tellement le contact froid du shampoing qui mousse ensuite sur sa tête toute mouillée. Il faut y aller en douceur…

Au commencement du bain, mouillez le corps et la tête de bébé avec l'eau à bonne température. Faites-en un jeu. Émulsionnez d'emblée une toute petite dose de gel lavant entre vos mains chaudes et passez-lui sur la tête sans pour autant shampouiner. Cette « pose » du produit émollient pendant les instants du bain permet de ramollir et prévenir les éventuelles croûtes de lait. Lavez alors bébé à l'eau et à l'éponge, avec votre savon à froid surgras sans huiles essentielles ou avec votre gel lavant neutre. Ce n'est qu'en fin de toilette que vous passerez au « vrai » shampoing. Il se fait avec la pulpe des doigts sans appuyer ni frotter, il s'agit plutôt de caresses. On veille à maintenir la nuque de bébé avec le bras, et pour le rinçage on plonge légèrement sa tête en arrière dans l'eau. C'est à ce moment-là que certaines croûtes de lait – s'il y en a – peuvent tomber d'elles-mêmes.

Au niveau du rythme, c'est à vous de voir. Le lavage des cheveux de bébé est souvent conseillé par les « pros » chaque jour pendant les 3 ou 4 premiers mois de vie. Mais en mode Slow Cosmétique, on préfèrera espacer un peu et pratiquer certains shampoings à l'eau, pour privilégier le brossage doux et l'hydrolat-thérapie si nécessaire comme suit :

- **On coiffe bébé avec une petite brosse en poils très souples et naturels.** La brosse s'utilise sur les cheveux séchés après chaque shampoing mais elle peut aussi parfois remplacer un shampoing car elle démêle autant qu'elle participe à la régulation du sébum et à la prévention des croûtes de lait.

Le peigne ne remplace jamais la brosse, il n'est utile que si bébé a une chevelure plus abondante, pour démêler. Attention lors de son utilisation à ne pas le griffer !

- **Pour un shampoing sans shampoing,** mouillez vos paumes de mains avec de l'hydrolat de lavande ou de fleur d'oranger, puis passez-les dans les cheveux de bébé comme pour un shampoing. Séchez ensuite comme de coutume à la serviette douce, et puis passez au brossage doux.

Vous pouvez suivre cette routine pour laver les cheveux des petits jusqu'à 3 ans environ. Après, passez à un shampoing doux sans sulfate et si possible sans huiles essentielles (sauf orange douce et agrumes) lauréat de la Mention Slow Cosmétique.

Les bobos des bébés

Croûtes de lait

Ces squames qui recouvrent la tête du bébé durant ses premiers mois ne sont pas dangereuses mais elles sont inesthétiques et peuvent se révéler irritantes.

Pour les faire disparaître, plusieurs solutions existent…

- **Une première méthode « lente »** consiste à répéter les shampoings très doux et le brossage comme expliqué au point précédent, et à masser la tête de bébé au coucher avec de l'huile d'olive ou de l'huile de noyaux d'abricot. Laissez poser toute la nuit et rincez le lendemain matin avec un shampoing doux. Les croûtes s'atténuent et disparaissent en quelques jours.

- **Une méthode plus rapide** consiste à imbiber généreusement à l'aide d'un coton ou d'une petite éponge chaque croûte avec de l'huile d'olive ou de noyaux d'abricot et laisser poser 30 minutes avant de pincer délicatement du bout des doigts pour décoller chaque croûte. Attention, n'utilisez pas vos ongles et ne grattez pas, la croûte doit s'ôter d'elle-même. Si les croûtes sont très collantes et adhèrent encore, utilisez un peigne fin (type peigne anti-poux) pour vous aider, mais veillez à ne pas griffer bébé.

Bleus et bosses

Après un mauvais coup, le macérât huileux d'arnica est souverain. Dans les minutes qui suivent le choc, massez quelques gouttes d'huile sur la zone concernée. Répétez une heure après et ainsi de suite toutes les heures jusqu'à 6 fois, de façon à éviter l'apparition du vilain bleu ou de la vilaine bosse.

Si l'on souhaite atténuer l'aspect d'un bleu existant ou d'un œdème bénin, on peut également masser de l'huile d'arnica sur la zone concernée.

Piqûres de moustique

Pauvre petit dévoré par les moustiques à la belle saison ! La stratégie en deux temps :

- **Pour éloigner les moustiques** de l'enfant, versez 10 gouttes d'huile essentielle d'eucalyptus citronné (*eucalyptus citriodora*) sur un mouchoir en tissu plié. Placez le mouchoir dans le berceau ou le lit de l'enfant mais sans que le petit ne puisse l'atteindre.

HUILE POUR SOULAGER BLEUS ET BOSSES À PARTIR DE 3 ANS

En cas de bleu ou de grosse bosse, vous pouvez ajouter au macérât d'arnica une petite quantité d'huile essentielle d'immortelle (aussi appelée hélichryse italienne - *helichrysum italicum*), elle est reconnue pour son action antihématome.

Pour fabriquer une huile à masser localement sur les bleus et les bosses, comptez 15 gouttes d'huile essentielle d'immortelle pour 1 cuillère à soupe d'huile d'arnica et versez dans un petit flacon de 10 ml au moins. Utilisez 3 à 5 gouttes du mélange pour un bleu ou une bosse.

HUILE POUR SOULAGER LES PIQÛRES À PARTIR DE 3 ANS

En cas de piqûre, vous pouvez ajouter au macérât de calendula une petite quantité d'huile essentielle de lavande aspic (*lavandula spica*) connue pour son action apaisante et antivénimeuse.

Pour fabriquer une huile à masser localement sur les piqûres, comptez 8 gouttes d'huile essentielle de lavande aspic pour 1 cuillère à soupe d'huile de calendula et versez dans un petit flacon de 10 ml au moins. Utilisez 1 goutte du mélange pour chaque piqûre.

Pour calmer une piqûre (rouge, gonflée), appliquez une goutte d'huile de calendula sur la piqûre et faites pénétrer. Répétez si possible toutes les heures pendant 3 heures. Votre bout de chou vous dira merci !

Érythème fessier

Le port prolongé de couches irrite souvent la peau des bébés. Pour l'apaiser, le beurre de karité ou le macérât huileux de calendula massés à chaque change feront des merveilles grâce à leurs propriétés hydratantes et anti-inflammatoires, ainsi qu'isolantes pour le karité comme expliqué plus haut.

Si malgré tout l'érythème est là et que les huiles ne réparent pas, vous pouvez tenter d'autres méthodes Slow Cosmétique très appréciables :

L'argile blanche utilisée après le change comme un talc, sur la peau bien propre et sèche. L'argile blanche peut en effet être frottée sur les rougeurs et les crevasses de l'érythème fessier. Elle donne souvent de très bons résultats, si le beurre de karité n'a pas marché.

Le miel de bonne qualité appliqué en cataplasme sur l'érythème pendant 1 nuit fait parfois des miracles. On l'applique en couche épaisse sur la zone, on couvre avec une gaze puis on met la couche. On devra pratiquer un change 8 heures après mais cela apaise bien les fesses irritées qui démangent le bébé (idéal si le bébé a plus d'un an et se plaint de ses irritations, car la méthode donne des résultats plus rapides que le karité et l'argile).

SOS molluscum

Il est tout d'abord important de rappeler que le molluscum contagiosum est certes contagieux et handicapant pour l'enfant mais qu'il s'agit d'une affection bénigne qui disparaît d'elle-même dans la plupart des cas.

La consultation chez un dermatologue est cependant nécessaire. Seul le médecin peut diagnostiquer l'affection et proposer un traitement.

En aromathérapie, certains auteurs s'intéressent à l'application de 1 goutte d'huile essentielle de tea tree (*melaleuca alternifolia*) 2 à 3 fois par jour, point par point sur chaque excroissance. Ceci n'est possible qu'à partir de 1 an, et uniquement si les molluscums ne sont pas plus nombreux que dix.

Eczéma des nourrissons (peau atopique)

Après la toilette, masser son bébé matin et soir avec une noisette de beurre de karité chauffée entre les mains fait des miracles. Dès 3 mois, il est possible d'ajouter à votre beurre de karité 1 % d'huile essentielle de camomille allemande (*matricaria recutita*), pour un effet encore plus efficace sur les démangeaisons et les rougeurs.

Dosage : pour 10 g de beurre de karité ramolli, diluez 2 gouttes d'huile essentielle.

PAS D'HUILES ESSENTIELLES SUR MON BÉBÉ ?

Comme pour la femme enceinte, le principe de précaution maximum s'applique pour le bébé et souvent on lit ou on entend que les huiles essentielles sont interdites pour les bébés jusqu'à 3 ans. C'est tout à fait correct, mais on peut nuancer un tout petit peu car parfois il est bien utile d'avoir une huile essentielle bien choisie et faiblement dosée pour un soin efficace.

Âge de l'enfant	Huiles Essentielles (HE)	Dosages	Remarques
De 0 à 6 mois	NON. Aucune HE n'est autorisée par principe de précaution maximum. On craint surtout l'étouffement qui pour rait résulter d'un malaise, d'une nausée, souvent causés par le 1,8 cinéole ou eucalyptol, un oxyde contenu par exemple dans l'HE d'eucalyptus globuleux aujourd'hui fortement déconseillée pour les bébés.	0 %	- Le bébé de cet âge ne peut pas exprimer son malaise ni nous alerter, alors la précaution nous invite à **éviter toutes les HE**. - On peut utiliser des hydrolats à des fins cosmétiques, par exemple comme un petit parfum sur la tête ou le corps. On privilégie quand même les hydrolats les plus doux comme la lavande ou la fleur d'oranger, voire l'eau de bleuet. - On peut utiliser presque toutes les huiles végétales à des fins cosmétiques, sauf la nigelle, le neem, le millepertuis, et quelques autres. - On peut utiliser l'argile et l'aloe vera mais il ne faut pas systématiser ni multiplier les soins. **L'idéal pour le petit bébé, c'est l'eau ou rien du tout !** - On peut quand même faire confiance à des suppositoires aux HE, si c'est un pharmacien qualifié qui vous les vend, et ce, sur conseils d'un médecin phytothérapeute.

Âge de l'enfant	Huiles Essentielles (HE)	Dosages	Remarques
De 6 mois à 3 ans	NON, sauf de façon exceptionnelle. On se limite à la fois dans le choix des HE et dans les dosages. Pour le choix des HE, on se limite à celles qui sont non irritantes et dénuées de molécules telles que les cétones et les oxydes les plus agressifs. La liste non exhaustive suivante qui permet déjà beaucoup : *lavande vraie (petits boutons, petites plaies), camomille noble (irritations), camomille matricaire, tea tree, immortelle, lavande aspic, bois de rose ou bois de Hô, ravintsara, petit-grain bigarade, orange douce, mandarine verte, néroli et ylang-ylang.*	5 % maximum pour des soins ciblés (sur une surface plus petite qu'une pièce de 2 euros) ET seulement avec des HE autorisées - Le dosage cosmétique classique à cet âge est de 1 %, inutile de doser plus sauf pour une action ciblée.	- On n'utilise les HE que de façon très ciblée, pour un petit bobo précis. - On peut diffuser en présence de bébé mais pas quand il dort. - Seul le massage est autorisé pour les soins, **jamais la voie interne et jamais en inhalation directe.** - On n'utilise **jamais les HE pures** pendant cette période. - On dose à 5 % maxi pour un usage ciblé sur une zone grande comme une pièce de 2 euros. Pas question de masser bébé avec une huile aromatisée sur tout le corps ou toute la tête. - On ne dépasse **jamais 2 gouttes d'HE au total par jour**. Donc si la dose d'huile pour bleus et bosses contient déjà 1 goutte et la dose d'huile pour les coliques 1 aussi, on est déjà au max ! - On évite à tout prix les HE cétonées, ou réputées très irritantes. On se limite à une petite liste (voir colonne HE à gauche).

TÉMOIGNAGE d'une MAMAN SLOW : Giuseppina et son bébé...

Giuseppina a adopté la Slow Cosmétique suite à la lecture du best-seller paru en 2012 *Adoptez la Slow Cosmétique* (Éd. Leduc.s). Elle ne le regrette pas ! Elle a 36 ans et vit à Clabecq en Belgique. Elle est mariée et l'heureuse maman d'une petite fille de presque 10 mois.

Pourquoi aviez-vous adopté la Slow Cosmétique au départ ?

Suite à l'arrêt de ma contraception, j'ai vu apparaître sur mon visage une acné tenace et bien visible (front, joues, menton et cou). J'ai d'abord consulté une dermatologue et testé plein de produits recommandés par elle et le pharmacien. C'est finalement avec la Slow Cosmétique que j'ai réussi à retrouver une peau « normale », et avec l'huile de jojoba en particulier.

Quels ont été vos trois premiers gestes Slow Cosmétique ?

J'ai commencé par remplacer mes crèmes conventionnelles par de l'huile de jojoba pour hydrater ma peau, ainsi que pour me démaquiller.

Ma fille a toujours été hydratée à l'huile végétale de calendula ou d'amande douce. Lors du change, je n'utilise que du liniment oléo-calcaire fabriqué par mes soins (voir ma recette page 89) et des lingettes lavables.

J'aime prendre un peu plus de temps pour moi le dimanche matin. En général, je gomme ma peau en mélangeant un peu d'huile végétale avec du bicarbonate de soude suivi d'un masque à base d'argile blanche avant de vaporiser mon visage avec un peu d'hydrolat de lavande. Je termine par un léger massage à l'huile de jojoba ou de noyaux d'abricot selon mes envies du moment.

J'ai également remplacé mon gel douche par du savon saponifié à froid et ma peau n'a jamais été aussi douce !

Quelle est votre recette Slow Cosmétique perso que vous partagez volontiers ?

La recette dont je ne peux absolument plus me passer est celle du ***liniment oléo-calcaire*** simplifié. Il permet de prendre soin des fesses de bébé, mais aussi du visage car il me sert de démaquillant.

Il vous faudra un flacon de 100 ml, 50 ml d'huile de sésame ou de noyaux d'abricot et 50 ml d'eau de chaux : Versez l'eau de chaux et l'huile dans le flacon. Fermez. Secouez. C'est prêt !

C'est un peu plus rapide que la recette traditionnelle avec la cire d'abeille et il faut secouer avant chaque usage mais cela me convient.

Quel meilleur conseil donneriez-vous à une maman qui débute en Slow Cosmétique ?

Commencer petit à petit sans se mettre la pression. Quitter toutes ses habitudes n'est pas évident, chaque petit pas compte et, finalement, on y prend réellement goût, on découvre un monde nouveau tellement plus riche et l'envie de revenir en arrière ne nous traverse même pas l'esprit.

La Slow Cosmétique pour les enfants et les adolescents

Les enfants et les jeunes apprécient beaucoup la Slow Cosmétique car elle leur fait découvrir de nouvelles odeurs et certaines textures étonnantes. Elle les replace aussi en contact avec des produits vraiment naturels et plus rares, ce qui est enthousiasmant pour les petits et les grands curieux.

La toilette

La peau des enfants et des jeunes n'est pas la même que celle des adultes, et elle évolue avec le temps. Les enfants jusqu'à la puberté ne produisent pas ou peu de sébum. Leur peau est plutôt sèche. À la puberté, les hormones sexuelles changent la donne et la sécrétion sébacée est accrue, ce qui peut parfois conduire à de l'acné juvénile.

Dans tous les cas, une toilette quotidienne à l'eau et au savon à froid surgras est plus recommandable qu'un gel douche industriel, qui contient presque toujours du sodium laureth sulfates (ou lauryl sulfate) un peu trop irritant, du parfum synthétique (irritant et allergisant) et des conservateurs polémiques (à cause de l'eau en grande quantité dans le produit).

Le savon à froid surgras est le plus riche en glycérine naturelle et en acides gras complexes. S'il est formulé sans huiles essentielles, il convient à tous. Si l'enfant a la peau très sèche, on choisira un savon à froid enrichi en miel, en karité ou en lait d'ânesse par exemple. Si la peau de votre adolescent est trop grasse, un savon à froid à l'huile essentielle de lavande, de tea tree ou de niaouli est parfait !

De beaux cheveux

Un enfant aime quand ça mousse, et un ado veut du résultat ! Les faire passer au shampoing naturel et Slow n'est pas si évident…

Une première option est de choisir un gel lavant neutre et sans sulfates lauréat de la Mention Slow Cosmétique. Cela mousse pas trop mal, et on peut l'aromatiser avec eux, en choisissant des huiles essentielles qu'ils apprécient parmi l'orange douce, le citron, la lavande vraie, la mélisse, la mandarine, le petitgrain bigarade (pas de contre-indications pour ces HE avec un dosage à 1 % du gel lavant).

Si on veut tester le shampoing solide, on peut aussi. La forme est souvent rigolote et cela les motive. Par contre ces shampoings moussent moins et il faudra en trouver un sans menthe ni huiles essentielles cétonées si l'enfant a moins de 6 ans.

De belles dents

Vous trouverez une bonne recette de dentifrice pour toute la famille en page 134.

Si vous avez la flemme de fabriquer votre dentifrice, il existe des dentifrices bio ou lauréats de la Mention Slow Cosmétique pour tous les goûts ou presque, même sans menthe, sur slow-cosmetique.com

Les bobos et soucis de peau

Anti-poux

Les poux font leur rentrée ? Pas de panique, voici des solutions aussi efficaces que les biocides ! Rien de tel contre les poux que les huiles végétales. Les bébêtes meurent étouffées lorsque l'huile inonde la chevelure. Et c'est encore mieux quand l'huile a des vertus antiparasitaires, comme l'huile de coco ou la nigelle (cette dernière étant légèrement aromatique et très efficace du coup). Suivez le guide :

- **Si les poux sont là** : appliquez une huile anti-poux faite maison à plusieurs reprises…

- **Si les poux ne sont pas encore là** : adoptez les gestes préventifs ! L'idéal en prévention, c'est l'huile essentielle de lavande vraie ou celle de lavandin, que les poux détestent et qui devrait les tenir à l'écart en période d'épidémie.

Chez des enfants dès 3 ans, on peut déposer 2 gouttes de lavande vraie (Lavandula angustifolia ou officinalis) ou de lavandin derrière les oreilles et sur la nuque, le matin, avant de partir à l'école. En plus de l'application sur la nuque et derrière les oreilles, on peut en poser une goutte sur l'oreiller avant le coucher, ou encore sur le col du manteau.

Varicelle

Cette maladie typique des enfants est d'origine virale. Bien souvent votre médecin vous dira qu'il faut patienter… Oui, mais voilà, ça démange et ça peut laisser des cicatrices ! Quelques gestes Slow peuvent être de bons compléments pour le soin des petits :

- **Gratouilles** : elles seront atténuées si vous frictionnez 1 à 2 fois par jour les zones qui démangent le plus avec de l'argile blanche surfine utilisée comme un talc. C'est tout bête et pourtant très efficace.

RECETTE

Huile anti-poux

- **1 cuillère à soupe d'huile de nigelle (si vous ne trouvez pas d'huile de nigelle, optez pour de l'huile de coco seule)**
- **1 à 2 cuillères à soupe d'huile de coco fondue (ou à défaut de jojoba ou d'olive)**
- **Pour le parfum ou plus d'efficacité : 10 gouttes d'huile essentielle de lavandin ou tea tree, si vous souhaitez parfumer le soin et augmenter son efficacité. Attention, à ne pas utiliser si l'enfant infesté a moins de 3 ans ou si c'est une femme enceinte !**

▸ Mélangez tous les ingrédients dans un bol.

▸ Appliquez le mélange sur toute la chevelure, recouvrez d'un bonnet de douche et laissez poser 1 heure environ. Vous pouvez laisser la préparation agir une nuit complète si vous voulez plus d'efficacité.

▸ Une fois le temps écoulé, faites un shampoing pour rincer l'huile, ajoutez à la dose de shampoing neutre et doux 3 gouttes d'huile essentielle de lavandin. Émulsionnez sur la tête puis rincez bien.

▸ Passez ensuite la chevelure mouillée au peigne fin anti-poux, mèche par mèche, depuis les racines, au-dessus d'un linge posé sur le sol. Les lentes et les poux morts asphyxiés se décolleront et tomberont facilement.

➜ **Truc en plus :** Pour une efficacité maximale : recommencez le traitement complet 1 à 2 fois par semaine pendant 3 semaines et lavez tout le linge de maison et les vêtements.

Recette testée et approuvée

Marie du blog *MamanYoupie*

« Ma fille a comme on dit "une tête à poux". Cette recette nous a aidés à chaque fois ! »

Cicatrices : si une vésicule a été grattée, on peut appliquer 1 à 2 gouttes d'huile de nigelle sur la cicatrice afin qu'elle se résorbe plus vite. Idem sur les vésicules les plus vilaines sur le corps.

Eczéma

Les enfants allergiques à la peau atopique et donc eczémateuse sont de plus en plus nombreux. La prise en charge passe par toutes sortes de gestes sains, et notamment au niveau de l'alimentation.

J'ai eu quelques bons succès dans ma carrière d'aromathérapeute en ce qui concerne l'eczéma. Je partage avec vous quelques conseils pratiques, que vous retrouverez accompagnés de protocoles complets dans mon livre *Je soigne ma peau au naturel*, co-écrit avec mon amie naturopathe Annie Casamayou (Éd. Leduc.s).

Coupez les ongles bien courts pour éviter des gestes trop agressifs lors des démangeaisons, car la peau lésée est à éviter à tout prix.

Le poudrage avec de l'argile blanche ou verte permet de calmer les démangeaisons et favorise la cicatrisation de façon très efficace. Utilisez l'argile en poudre surfine à la façon d'un talc sur les rougeurs.

Sur les lésions, l'eau est le meilleur des rééquilibrants cutanés : vaporisez de l'eau thermale en spray, à alterner avec l'hydrolat de camomille romaine ou de camomille matricaire qui assainit et apaise les démangeaisons. Appliquez des compresses ou vaporisez-en directement sur les lésions. Séchez bien.

Chaque jour, et **utilisez un soin hydratant apaisant** à la fois. L'idéal est le beurre de karité pur, non raffiné, chauffé entre les mains. Il se masse sur toutes les plaques d'eczéma localisées. Si les zones sont trop étendues, l'huile de bourrache marche très bien aussi et s'étend plus facilement, tout comme le macérât de calendula.

Pour la toilette, optez pour un gel lavant sans savon lauréate de la Mention Slow Cosmétique ou un savon à froid surgraissé au karité ou au calendula, sans huiles essentielles.

Bleus et bosses

Appliquez les conseils donnés page 83, ils conviennent aux tout petits et aux plus grands !

Piqûres de moustique

Suivez les astuces données page 83.

Acné et boutons

L'acné concerne surtout les ados soumis à une poussée d'hormones androgènes qui stimulent la production sébacée.

Il existe de nombreux traitements contre l'acné ou les peaux à problèmes sur le marché, et le premier geste est d'aller consulter pour obtenir un vrai bon diagnostic, ainsi qu'une prescription adaptée.

Avant d'avoir recours à l'artillerie lourde, il faut distinguer le simple bouton de l'acné véritable. Un bouton est une inflammation du follicule pilo-sébacé, due aux bactéries qui se sont logées à cet endroit (humide et lipidique). La solution sera d'assainir la zone et de rendre le pH de la peau plus acide tout en calmant l'inflammation. On peut y parvenir en appliquant 1 seule goutte d'huile essentielle de lavande vraie sur le bouton, 1 fois par heure pendant 6 heures.

Si par contre on souffre d'acné, les boutons sont trop nombreux et l'inflammation diffusée. Il faut alors penser à toute une routine en complément d'éventuels médicaments…

Routine du matin pour peau jeune acnéique en 2 étapes

1. On commence par **se débarbouiller le visage à l'hydrolat** de romarin à verbénone (en spray ou sur une lingette propre). Cela réacidife le pH et purifie en douceur.

2. On **se masse ensuite le visage avec 3 gouttes généreuses de sérum traitant** (recette page 95 à préparer à l'avance). L'huile doit bien pénétrer, prenez votre temps pour masser. Enfin, par-dessus et le matin uniquement, appliquez une crème de jour pour peaux grasses, non comédogène mais hydratante et protectrice. Elle ne devra pas contenir d'ingrédients irritants, pétrochimiques ou polémiques (privilégiez une crème lauréate de la Mention Slow Cosmétique), et surtout pas d'alcool, de parfum synthétique, d'huile de ricin, de germe de blé, d'amande douce ou de coco.

Mieux vaut privilégier les formules légères à base d'eau florale et d'aloe vera complétée avec de l'huile de nigelle, d'olive, de noisette, de jojoba, et des huiles essentielles amies des peaux acnéiques : tea tree, romarins, et lavandes.

Si l'on veut se maquiller, on privilégie un fond de teint minéral (en poudre) à appliquer au pinceau propre, ainsi que des poudres de teint minérales 100 % naturelles, qui laissent respirer la peau.

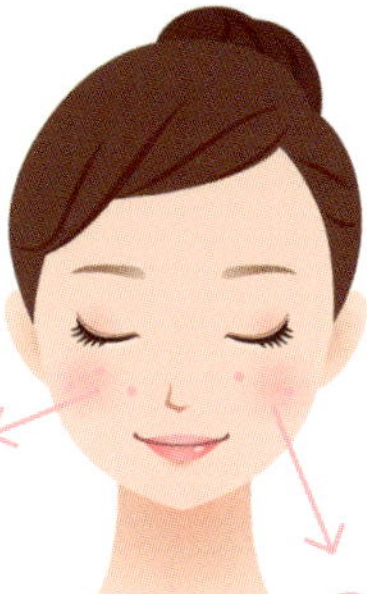

Routine du soir pour peau jeune acnéique

Pour le démaquillage des filles, je conseille une huile démaquillante neutre non comédogène pour peau grasse (jojoba ou noyaux d'abricot). On suit avec l'application d'un hydrolat de romarin verbénone ou de sauge. Ensuite, on masse avec 3 gouttes du sérum traitant sur tout le visage (recette ci-dessous à préparer à l'avance).

RECETTE

Sérum traitant anti-acné

Pour 30 ml de produit, on verse dans un flacon en verre bleuté ou ambré les ingrédients suivants :

- **8 gouttes d'huile essentielle de romarin à verbénone (*rosmarinus officinalis CT verbenone*)**
- **6 gouttes d'huile essentielle de sauge sclarée (*salvia sclarea*) ou, à défaut, de petitgrain bigarade**
- **1 cuillère à soupe généreuse d'huile de nigelle**
- **2 cuillères à soupe d'huile de jojoba (ou de noisette)**

- Bien mélanger avant usage.
- Se conserve au frais pendant 1 mois.

Cicatrices, taches et autres imperfections

L'acné une fois résorbée peut laisser des cicatrices ou des taches. On peut légèrement les atténuer avec ce petit protocole à réaliser 2 fois semaine :

- J'exfolie l'imperfection en appliquant au coton un peu de jus de citron sur la zone à traiter. Ça pique ? C'est normal. On rince bien après 15 minutes, avec de l'eau.

- J'applique sur la tache ou la cicatrice 1 goutte d'huile essentielle de carotte sauvage, et 1 goutte d'huile de jojoba ou d'olive. Je fais bien pénétrer au doigt propre.

- Je poursuis ma routine beauté comme si de rien n'était.

Les résultats sont longs à obtenir, il faut s'armer de patience. Cette routine peut se pratiquer que pour une seule tache ou une cicatrice isolée. Ne traitez pas plus de 3 taches ou cicatrices de cette façon par semaine.

TÉMOIGNAGE d'une ADOLESCENTE SLOW, Judith, 19 ans

Comment es-tu venue à la Slow Cosmétique ?

Depuis que je suis petite, ma mère me sensibilise aux produits naturels et notre alimentation est avant tout issue de l'agriculture biologique. Mais ce qui m'a fait vraiment sauter le pas, c'est à mes 16 ans, quand j'ai eu de gros problèmes d'acné. C'était vraiment difficile à vivre. Ma mère a fini par m'emmener chez le dermato et il a voulu me prescrire un médicament très fort qui m'obligeait à prendre la pilule contraceptive... Alors que ma mère n'était pas trop pour les médicaments, je me retrouvais à devoir en prendre deux !

Il a donc fallu trouver des solutions alternatives. Ma mère m'a emmenée chez un médecin homéopathe qui m'a prescrit des oligo-éléments et m'a conseillé l'argile. J'ai fait des recherches sur Internet et c'est là que j'ai découvert la Slow Cosmétique ! Aujourd'hui, je n'ai plus aucune cicatrice de mes boutons passés et je n'ai quasiment plus d'acné.

Quelle recette veux-tu partager avec nous ?

Je peux vous décrire le masque que j'ai fait régulièrement en parallèle de l'homéopathie pour supprimer les boutons et les cicatrices. C'est très simple. Pour un masque, il faut environ 3 cuillères à soupe rases d'argile blanche surfine. Une fois sur 3, j'ajoutais 3 gouttes d'huile essentielle de tea tree. Dans un bol, mettre l'argile et les gouttes de tea tree, puis à l'aide d'une cuillère en bois, ajouter un petit peu d'eau minérale pour obtenir une pâte. Mélanger, c'est prêt !

Avant d'appliquer le masque, je me lavais le visage avec un gel Slow sans savon. Ensuite, j'appliquais le masque et le laissais poser 15 minutes. Je rinçais et appliquais une crème hydratante non comédogène ou de l'huile de jojoba. Je faisais cela tous les dimanches, c'était mon rituel !

La Slow Cosmétique pour

maman (et ses copines)

Dans ce chapitre, vous allez (re)découvrir ce qui a fait le succès de la Slow Cosmétique. Avec une routine simple pour le soin du visage et du corps, des milliers de femmes ont vu leur peau retrouver leur douceur et leur éclat naturel.

Pour le visage, la Slow Cosmétique nous recommande de prendre le temps qu'il faut, avec une attention particulière au démaquillage et au nettoyage qui sont des étapes clés pour une peau saine.

Pour le corps, des gestes nouveaux vous seront proposés pour une peau douce et ferme à la fois.

La routine Slow Cosmétique vous est présentée succinctement dans ce chapitre, et si elle vous plaît, vous pourrez aller plus loin en lisant mon précédent livre *Slow Cosmétique : le guide visuel* (éd. Leduc.s) qui reprend plus en détail chaque étape et son pourquoi.

Ici, l'accent a été mis sur la routine adaptée à la vie de maman et de femme active…

Bonne découverte !

La routine visage du matin

Pas de panique : ce n'est pas parce que la Slow Cosmétique évoque la lenteur (*slow* veut dire lent) que vous allez perdre votre précieux temps le matin ! Tout le monde sait bien qu'il faut aller vite et bien, dès le lever. C'est surtout le cas en semaine quand les enfants doivent partir pour l'école ou que l'on a de la route pour aller au travail...

Ça tombe bien : la routine visage Slow Cosmétique prend plus de temps le soir que le matin !

Mon mémo du matin : 6 étapes à suivre

1 Débarbouiller

Se passer de l'eau froide sur le visage, vaporiser de l'eau minérale et/ou frictionner sa frimousse permet de réveiller les traits et de décongestionner (voir détails page 101). Le visage est déjà bien propre grâce au démaquillage soigneux de la veille !

2 Tonifier

On finit de se débarbouiller avec une vaporisation d'hydrolat ou d'eau florale (voir détails page 101 et pour savoir quel hydrolat ou eau florale vous convient voir page 102). Cela ôte certaines impuretés de la nuit et prépare la peau au soin tout en la tonifiant. On sèche à la serviette ou à la lingette.

3 Hydrater/nourrir

On masse son visage avec 3 gouttes d'un sérum huileux, ou d'une émulsion gel + huile. Ce soin est personnalisé. Avec le massage qui l'accompagne, ce soin est idéal pour nourrir l'épiderme et permettre qu'il retienne mieux l'eau au fil de la journée. Les actifs choisis répondent aux besoins spécifiques de la peau (grasse, à problème, mature...) (voir détails page 104).

4 Protéger/hydrater

C'est une option, mais appliquer une crème de jour permet de protéger le visage des agressions de la journée qui vient (UV, froid, frottements, tout dépend de la saison). Cela augmente aussi le pouvoir hydratant de l'étape précédente (voir détails page 107).

5 Maquiller

Ce n'est pas obligatoire, mais c'est un plaisir pour beaucoup d'entre vous. On peut réchauffer le teint avec une poudre minérale, embellir les cils avec un mascara, et dessiner la bouche pour la rendre plus séduisante.

6 Parfumer et coiffer

Un déo naturel pour prévenir les mauvaises odeurs, un parfum naturel (c'est rare mais cela existe) à vaporiser sur les cheveux ou les vêtements pour se faire plaisir. Et une coiffure simple mais tendance. Voilà, on est prêt(e) pour entamer cette belle journée !

Pourquoi et comment rafraîchir le visage

Utilisez simplement de l'eau froide du robinet qui coule dans vos paumes. Aspergez le visage à plusieurs reprises et profitez-en pour souffler si cela vous dit ou pour grimacer afin de réveiller les traits. Cette étape n'a l'air de rien mais est importante pour l'entretien de la fermeté du visage et la relance de la circulation sanguine chaque matin.

Pourquoi et comment tonifier le visage

Deux méthodes sont possibles pour tonifier le visage à l'hydrolat (ou à l'eau florale ou à l'eau au vinaigre de toilette) :

- Si votre hydrolat est muni d'un spray, vaporisez à 25 cm du visage, les yeux fermés. Laissez agir quelques secondes puis tamponnez avec une lingette douce et sèche, ou une serviette.

- Vous pouvez aussi imbiber une lingette avec l'hydrolat, et la passer sur le visage, de l'intérieur vers l'extérieur et du haut vers le bas.

Quel hydrolat choisir ?

L'hydrolat permet de tonifier la peau mais aussi de la préparer aux soins suivants. Il a une action limitée mais très intéressante au long terme. On le choisit donc en fonction de son type de peau et de ce qu'on souhaite comme résultat.

Mon type de peau est plutôt…	Je choisis donc 1 ou 2 hydrolats parmi... (liste non exhaustive)
Peau grasse acnéique	Romarin à verbénone Sauge sclarée
Peau grasse avec petites imperfections, dont les pores dilatés et des petits boutons	Lavandes Romarin à verbénone Sauge sclarée Camomille romaine Géranium rosat ou bourbon Hamamélis Immortelle Eau au vinaigre de toilette (voir recette en page 63)
Peau grasse mais sans problèmes importants	Lavandes Rose Hamamélis Menthe poivrée Laurier Genévrier Myrte Eau au vinaigre de toilette (voir recette en page 63)
Peau mixte (pores dilatés sur la zone T et peau plus sèche et sensible sur les côtés)	Rose Immortelle Ciste

Mon type de peau est plutôt…	Je choisis donc 1 ou 2 hydrolats parmi... (liste non exhaustive)
Peau normale (belle et me satisfait)	Lavandes Rose Menthe poivrée Et à vrai dire la plupart des hydrolats
Peau sèche (tiraille souvent)	Ciste Immortelle Fleur d'oranger Bleuet
Peau atopique (très sèche, desquame)	Bleuet Matricaire (camomille allemande)
Peau couperosée, rougeaude avec problèmes vasculaires (tous types de peau)	Immortelle Ciste Matricaire (camomille allemande)
Peau mature ex-grasse (ridée et/ou tachée, et pores visibles)	Rose Géranium
Peau mature ex-sèche (ridée et/ou tachée, et délicate comme du papier de soie)	Fleur d'oranger Immortelle Carotte

Pourquoi et comment hydrater et traiter le visage le matin

Le matin, masser son visage avec un soin personnalisé (et le soir aussi, vous le verrez plus loin) permet d'apporter à la peau des nutriments essentiels pour renforcer la barrière cutanée et limiter la perte en eau. C'est aussi une bonne stimulation des muscles peauciers et de la microcirculation sanguine au niveau du derme. La peau est plus ferme, et mieux oxygénée. On a recours à une huile pénétrante ou à un oléogel (huile + aloe vera), selon ses préférences ou son type de peau.

Voici un petit tableau pour vous aider à sélectionner vos ingrédients chouchous :

Quels ingrédients pour mon soin traitant à masser matin et soir ?			
Type de peau (si votre peau est mixte ou « normale », référez-vous au type de peau vers lequel il tend)	**Huiles végétales à privilégier**	**Huiles essentielles ou actifs**	**Textures**
Plutôt grasse ou à problèmes	Nigelle, jojoba, noisette, noyaux d'abricot…	Romarin à verbénone, lavandes, tea tree, acides de fruits (AHA et BHA) ou lactiques.	Oléogel (gel d'aloe vera 90 % et phase grasse 10 %), huile pénétrante.
Plutôt sèche et/ou mature	Argan, bourrache, onagre, rose musquée, églantier, son de riz, macadamia, avocat, karité…	Géraniums, ciste ladanifère, bois de rose ou de Hô.	Huile pénétrante (à faire suivre d'une crème le matin) ou – de temps en temps – beurre de karité.
Très sensible	Karité, jojoba, calendula, noyaux d'abricot.	Camomilles, lavandes, katrafay, chamazulène, bisabolol.	Huile protectrice, baume fondant, crème.

Vous avez sélectionné votre texture et vos ingrédients ? Alors voici comment réaliser votre soin quotidien :

RECETTE

Mon sérum huileux traitant visage

Pour 50 ml environ d'huile de soin

Dans un flacon de 50 ml au moins, en verre ambré ou bleuté, versez successivement :

- **3 cuillères à soupe modernes (10 ml) de votre huile la plus neutre et pénétrante parmi vos huiles recommandées (touchez les huiles pour évaluer la plus fine que vous avez).**
- **2 cuillères à soupe modernes de votre huile la plus traitante en fonction de votre objectif. Par exemple, la rose musquée pour les rides, la nigelle pour les boutons, etc.**
- **10 gouttes de votre première huile essentielle (par exemple, l'immortelle pour les rides, le géranium pour les boutons et les pores dilatés, le ciste pour les rougeurs).**
- ***En option* : 10 gouttes de votre deuxième huile essentielle (par exemple, le petitgrain bigarade pour son parfum délicieux, ou la lavande pour des petits boutons...).**

▸ Fermez le flacon et agitez doucement.

▸ Utilisez dès le lendemain à raison de 3 gouttes chauffées dans les mains pour un massage visage et cou.

▸ Ce soin est dosé à 1 % d'huile essentielle, donc il peut être utilisé sur tout le visage et le cou, mais il faut veiller à ne pas en mettre sur les paupières, mais juste sur le contour osseux de l'œil.

▸ Le soin se conserve 6 mois à l'abri de l'air, de la lumière et des grosses chaleurs.

Recette testée et approuvée

Aline Gubri du blog *Consommons sainement*

« *Un mélange simple, rapide et efficace que je valide au quotidien depuis trois ans ! Une bonne excuse pour s'accorder quelques minutes le soir, se masser le visage et se détendre.* »

Vous préférez un oléogel plutôt qu'une huile ? C'est moins gras et plus rapidement absorbé par la peau, tout autant hydratant mais un tout petit peu moins nourrissant…

RECETTE

Mon oléogel traitant et hydratant

Pour un flacon de 50 ml environ

Dans un flacon pompe de 50 ml au moins, recyclé et bien propre (type flacon pompe cosmétique classique, flacon de lubrifiant, ou petit flacon de shampoing), versez successivement :

- **45 ml de gel d'aloe vera cosmétique* soit un peu plus de 4 cuillères à soupe modernes. Aidez-vous d'une seringue en plastique bien propre pour verser le gel dans le flacon.**
- **1 cuillère à café d'huile végétale de votre choix (voir le tableau page 183).**
- **10 gouttes d'huile essentielle choisie selon votre type de peau.**
- ***En option,* si vous voulez un soin actif sur plusieurs facteurs, encore 10 gouttes d'une autre huile essentielle (à choisir dans le tableau des ingrédients).**
- ***En option,* si vous avez la peau très grasse : ajoutez une pincée d'amidon de maïs pour un effet matifiant intense, puis agitez à nouveau.**

▸ Refermez le flacon et mélangez vigoureusement comme un shaker, jusqu'à l'obtention d'un gel crémeux.

▸ Utilisez à raison de 3 gouttes généreuses du produit chauffées entre vos mains pour un massage visage et cou. Ce soin est dosé à 1 % d'huile essentielle, donc il peut être utilisé sur tout le visage et le cou, mais il faut veiller à ne pas en mettre sur les paupières, juste sur le contour osseux de l'œil.

▸ Le soin se conserve aussi longtemps que se conservait votre gel d'aloe vera cosmétique (voyez sur l'emballage du gel d'aloe utilisé).

*Si vous n'avez pas utilisé un gel d'aloe vera Slow du commerce mais que vous avez extrait vous-même le gel à partir d'une feuille d'aloe vera, alors il faut ajouter un conservateur (comptez 5 gouttes de Cosgard pour la préparation, en vente sur Internet).

Recette testée et approuvée

Delphine du blog *Petites astuces entre filles*

« *Le soin préféré de mes ados ! Il hydrate et traite leur peau sans laisser de fini gras.* »

Pourquoi et comment protéger et hydrater la peau ?

La Slow Cosmétique recommande l'utilisation d'une crème hydratante et protectrice le matin en fin de routine, avant le maquillage. Pourquoi ? Parce que cette crème va « isoler » et « protéger » la peau pendant la journée des stimuli extérieurs (vent, froid, pollution, UV,…). Si on reste chez soi et que la maison n'est pas surchauffée ou soumise à l'air conditionné, alors on peut se passer de crème. Sinon, une crème est vraiment conseillée.

Quelle crème choisir ? Il existe des dizaines de crèmes de qualité qui portent la Mention Slow Cosmétique. On les trouve vendues en direct du producteur sur slow-cosmetique.com, mais aussi dans certains magasins bio ou même en parapharmacies. On choisit sa crème plus riche si la peau est sèche, et plus légère si la peau est grasse.

On peut aussi fabriquer sa propre crème, mais il faut aimer la tambouille et avoir un certain doigté car une crème est une émulsion, donc moins facile à réussir à chaque fois. Voici toutefois deux recettes « presque » inratables…

RECETTE

Ma crème de jour maison

Cette crème confortable convient à tous les types de peau et permet d'hydrater parfaitement le visage tout au long de l'année.

Pour 50 g de crème environ

Matériel à prévoir : une balance de précision, un thermomètre de cuisine, un mini-fouet.

- Désinfectez bien tout votre matériel avant de commencer.
- Pesez puis versez dans un bol allant au bain-marie les ingrédients suivants :
  - **16,5 g d'huile de noyaux d'abricot**
  - **3 g de cire émulsifiante type Olivem 1000**

→

RECETTE

Ma crème de jour maison (suite)

Faites fondre au bain-marie, et pendant ce temps, pesez puis versez dans un autre bol allant au bain- marie :

- **25 g d'hydrolat de lavande vraie ou autre au choix parmi : cajeput, laurier noble, camomille noble, lavandin super, petitgrain bigarade...**
- **5 g de gel d'aloe vera lauréat de la Mention Slow Cosmétique**

- Touillez les préparations pour qu'elles soient bien homogènes. Une fois chaudes, à 65°C grand maximum (utilisez le thermomètre de cuisine), retirez du feu.
- Ajoutez progressivement la phase aqueuse aux corps gras fondus tout en remuant le mélange avec un petit fouet pour faire une émulsion. Comme pour une mayonnaise, ne cessez pas de mélanger jusqu'à ce que la crème épaississe.
- Ajoutez ensuite les huiles essentielles et/ou le conservateur. Vous avez droit à 10 gouttes d'huiles essentielles au maximum. Dans ce cas, pas besoin de conservateur car les HE jouent ce rôle. Par contre, si vous utilisez peu ou pas d'huiles essentielles, alors optez pour 8 gouttes de conservateur du type Cosgard.

4 idées de mélange (1 au choix) :

- Ajoutez 5 gouttes d'huile essentielle de lavande vraie et 5 gouttes d'huile essentielle de petitgrain bigarade pour une synergie convenant à toutes les peaux et qui assainit la formule autant que la peau.
- Ajoutez 5 gouttes d'huile essentielle d'immortelle et 5 gouttes d'huile essentielle de géranium pour une synergie anti-rides.
- Ajoutez 8 gouttes d'huile essentielle de ciste et 2 gouttes d'huile essentielle d'épinette noire pour une synergie anti-rougeurs.
- Ajoutez 8 gouttes de conservateur Cosgard pour une crème sans huiles essentielles ni parfum.

- Homogénéisez à nouveau la crème, puis versez la préparation dans un pot stérilisé ou bien désinfecté à l'alcool.
- Conservez au frais pour un effet rafraîchissant, mais pas obligatoirement au réfrigérateur.
- Se conserve 3 mois à l'abri de la lumière, de la chaleur et de l'humidité à température ambiante ou au réfrigérateur.

Vous avez traité le visage avec une huile ou un oléogel, et puis vous avez appliqué une crème si vous prévoyiez de sortir. Normalement, tout est bon !

Mais si vous souffrez de cernes ou de poches, votre soin traitant et votre crème ne suffiront peut-être pas. Dans ce cas, appliquez AVANT votre crème, un soin contour de l'œil ciblé.

RECETTE

Mon soin contour des yeux anti-rides, anti-poches et anti-cernes

Pour 15 ml environ

Dans un flacon de 15 ml, bien propre et si possible muni d'un embout à pompe (éventuellement recyclé et parfaitement désinfecté), versez :

- **1 cuillère à soupe de gel d'aloe vera de qualité Slow Cosmétique. Aidez-vous d'une seringue si besoin pour le verser dans le flacon.**
- **1 cuillère à café d'huile de calophylle (ou de son de riz si vous en avez).**
- **2 gouttes d'huile essentielle d'immortelle de Corse (Helichrysum italicum).**

▸ Refermez et mélangez vigoureusement, comme vous le feriez avec un shaker, jusqu'à l'obtention d'un gel crémeux.

▸ Appliquez 1 seule goutte de ce soin sur le contour des deux yeux en toute petite quantité, en tapotant du bout des doigts.

▸ Ce soin se conserve aussi longtemps que le gel d'aloe vera utilisé. Référez-vous à l'emballage du gel. Il peut se conserver en option au réfrigérateur pour plus d'efficacité.

La routine visage du soir

Le soir, on a un peu plus de temps pour s'occuper de soi. Cela tombe bien car en Slow Cosmétique on attache beaucoup d'importance au démaquillage et au nettoyage doux et soigneux du visage.

Mon mémo du soir : 4 étapes à suivre

1 Démaquiller soigneusement

Le démaquillage Slow se fait au moins en deux temps (corps gras + lotion aqueuse). On applique un corps gras pour ôter les impuretés et le maquillage, puis on rince à l'eau ou à l'hydrolat. On utilise des lingettes lavables et le moins de cotons possible (voir détails page 27).

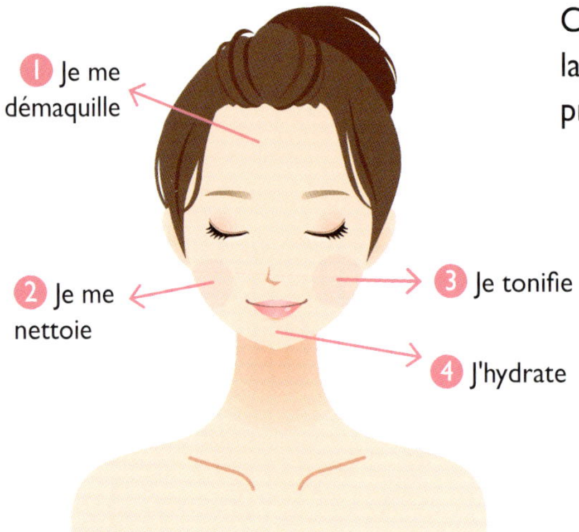

2 Nettoyer

C'est une option, mais pour éliminer le gras du démaquillant et nettoyer en profondeur, on peut émulsionner sur le visage et le cou un gel moussant sans savon ou un savon à froid surgras. On peut aussi utiliser une éponge végétale ou konjac (voir détails page 27).

3 Tonifier

Quel qu'il soit, le démaquillage se termine par l'application en vapo ou au coton d'un hydrolat ou d'une eau florale adapté(e) aux besoins de la peau (voir détails page 102).

4 Hydrater/Nourrir/Traiter

On masse longuement son visage pour stimuler les muscles peauciers et la circulation. On utilise le sérum huileux du matin ou une huile plus ciblée encore. Ce faisant, on traite un besoin précis de la peau grâce aux ingrédients actifs du produit utilisé (voir détails page 183).

Démaquiller en douceur

Si vous vous maquillez, le démaquillage est d'une importance capitale. Il permet d'ôter tout résidu de cosmétiques sur la peau, et de la préparer à la nuit. Il doit se faire sans ingrédients agressifs, mais suffisamment purifiants. On trouve dans le commerce beaucoup trop d'eaux micellaires ou de laits démaquillants qui contiennent des alcools gras, des détergents, et des perturbateurs endocriniens. Si vous ne pouvez pas vous passer de ce type de produits prêts à l'emploi, utilisez au moins un produit lauréat de la Mention Slow Cosmétique tel que ceux que les producteurs vendent en direct sur slow-cosmetique.com. Sinon, pratiquez le démaquillage à l'huile suivi de l'hydrolat ou du vinaigre de toilette.

1. Versez un peu d'huile neutre (les plus adaptées sont l'huile de coco, d'argan, de noyaux d'abricot, ou de jojoba...) sur une éponge humide essorée ou sur une lingette lavable humide et essorée.

2. Démaquillez en plusieurs passages. Vous pouvez vous aider des doigts huilés aussi si vous n'avez pas d'éponge ni de lingette.

3. Passez une lingette imbibée d'hydrolat adapté à votre type de peau (voir tableau en page 102). Les peaux grasses ou à problèmes préfèrent les hydrolats de romarin, de lavande vraie, de tea tree, de myrte,... Les peaux sèches et sensibles aiment les hydrolats de rose, de ciste, de camomille... Si vous avez la peau mixte ou grasse, vous pouvez aussi utiliser la recette de vinaigre de toilette en page 63.

4. Une fois la peau propre, passez au lavage avec un peu de savon à froid surgras, ou avec un gel moussant sans savon (lisez la section suivante).

5. Terminez alors à nouveau par un passage à l'hydrolat avant de vous hydrater la peau.

Comment nettoyer son visage le soir

Si vous n'étiez pas maquillée, voici la première étape de votre routine du soir. Si vous vous êtes démaquillée avant, le nettoyage permet de retirer les éventuels résidus gras du démaquillage. Dans tous les cas, le nettoyage élimine ce qui doit l'être en fin de journée et est le garant d'une peau plus saine.

1. Optez pour un savon à froid surgras, ou un gel moussant nettoyant écologique. Plusieurs marques lauréates de la Mention Slow Cosmétique en proposent sur slow-cosmetique.com ou en magasins bio. Utilisez un peu d'eau pour laver et rincez soigneusement.

2. Passez une lingette lavable imbibée d'hydrolat adapté à votre type de peau sur le visage. Cette étape est importante pour réacidifier le pH de la peau avec l'usage d'un détergent. C'est impératif.

3. Séchez délicatement à la serviette, en tamponnant.

Une à deux fois par semaine, à partir de 25 ou 30 ans, il est conseillé de remplacer le nettoyage simple par un bon gommage lissant. Il lutte préventivement contre les points noirs, les rides et les taches. L'exfoliation est un geste très sain surtout à partir de 30 ans ! Voici une recette d'une redoutable efficacité, si on l'utilise comme il se doit. Attention, ne pratiquez jamais de gommage visage à grains si vous souffrez d'acné, de rosacée ou de couperose installée.

RECETTE

Mon gommage visage tout terrain

Pour un gommage

Dans un bol, mélangez :

- **1 cuillère à café de bicarbonate de soude alimentaire.**
- **1 cuillère à café de votre huile démaquillante (argan, jojoba, noyaux d'abricot, etc.).**
- ***En option*, 2 gouttes d'huile essentielle de citron zeste (essence de citron).**

▸ Touillez puis appliquez la pâte homogène obtenue sur votre visage humidifié d'eau tiède.

▸ Massez sans appuyer, sans frotter. C'est primordial ! Caressez-vous longuement le visage pendant 2 longues minutes au moins. Il ne faut pas appuyer mais la durée est importante.

▸ Rincez ensuite à l'eau tiède et séchez.

▸ Réhydrater ensuite avec votre soin hydratant et/ou traitant.

Hydrater et traiter son visage le soir

Après une toilette soigneuse du visage, on utilise le même soin hydratant et traitant que le matin, c'est-à-dire l'huile de beauté ou l'oléogel adapté à son type de peau (voyez les recettes à la routine du matin en pages 100 et 101).

On va prendre un peu plus de temps que le matin pour le massage, car il est tout aussi important que le soin en lui-même. Il tonifie les muscles peauciers et préserve l'ovale du visage !

1. Chauffez 3 gouttes d'huile de soin ou d'oléogel dans les paumes.

2. Massez le visage de l'intérieur vers l'extérieur, en commençant par le front, puis le milieu du visage et enfin la mâchoire et le cou.

3. Faites des mouvements de caresse appuyés et des petits pincements, mais sans jamais vous faire mal ni vous griffer.

4. Veillez à ce que le massage dure 2 minutes au moins pour que le produit ait parfaitement pénétré.

Après ce massage, vos traits sont détendus et vous pouvez aller vous coucher sereinement. Inutile d'en faire plus.

La routine corps au quotidien

La beauté du corps est tout aussi importante que celle du visage. Elle demande surtout une bonne hygiène de vie car la peau du corps est moins exposée que celle du visage. On peut cependant adopter la Slow Cosmétique pour se laver de façon écologique et efficace à la fois, ainsi que pour traiter tous les petits bobos du corps au naturel.

Pour se laver, la douche s'impose, et le bain se fait plus rare car il est moins écologique. On le réserve pour des soins d'aromathérapie ou des moments de détente. Pour la douche, on la prend une fois par jour, le matin ou le soir.

Pour se chouchouter, le soir et le week-end sont des moments idéaux car on a plus de temps pour soi. Mais chacun fait ce qui lui plaît !

Avant la douche : le brossage !

Chacun a son petit rituel le matin au lever. Avant la douche, certaines font de la gym douce, des étirements, du yoga… Mais qui pense à se brosser le corps ?

La Slow Cosmétique vous recommande **le brossage du corps avant la douche**, 2 ou 3 fois par semaine en guise de **soin anti-âge** pour le corps.

Ce brossage peut même remplacer une douche car il élimine les peaux mortes et les impuretés, et peut donc suffire si on n'était pas vraiment sale. Le brossage de la peau à sec est une expérience particulière, voici quelques conseils :

- Le brossage élimine les cellules mortes et fait affluer le sang dans les tissus, ce qui permet de mieux nourrir et oxygéner le corps et de drainer les toxines. On le pratique donc régulièrement.

- Les mouvements se font toujours du bas vers le haut dans le sens de l'évacuation vers les ganglions lymphatiques dont les principaux sont situés à l'aine, aux aisselles et au niveau du cou. Il ne faut pas forcer, car c'est la brosse qui fait tout le travail. Il faut simplement agir avec fermeté en mouvements circulaires de l'extrémité des membres vers le haut. On commence par les pieds, puis les jambes, les cuisses, etc.

- On utilise une brosse à poils souples en fibres naturelles. On ne brosse pas le visage ni les zones éventuellement irritées (psoriasis, eczéma).

- Il convient de se rincer à l'eau après chaque brossage.

Sous la douche

La douche en Slow Cosmétique se pratique avec un pain de savon à froid surgras, ou avec un gel lavant de qualité Slow (savon de castille liquide, ou gel lavant sans savon et sans sulfates lauréat de la Mention Slow Cosmétique). On peut varier les plaisirs évidemment…

BON À SAVOIR SUR LE SAVON À FROID

- Il est composé **d'huiles végétales non chauffées et non traitées industriellement** qu'on a saponifiées avec de la soude, sans retirer la glycérine naturellement produite lors du processus. Cela rend ce savon plus doux que ceux du commerce et plus « traitant ».
- Le savon à froid peut être **un soin à part entière**. Certains savons à froid sont tellement enrichis en principes actifs hydratants qu'ils permettent de se passer de lait, lotion ou huile hydratante après la douche. C'est typiquement le cas des bons savons à froid au lait d'ânesse, au miel ou aux huiles précieuses (argan, calendula, etc.).
- Le savon à froid, même surgras, reste un savon et donc son **pH est basique** (autour de 9). C'est donc un corps alcalin détergent, qui ne convient pas trop si votre peau nécessite un soin au pH neutre (acné ou eczéma très problématique). Cependant, il est à noter que certains savons à froid ont littéralement sauvé la peau de plusieurs personnes souffrant d'eczéma. C'est sans doute alors grâce au surgraissage du savon (calendula, karité, amande douce) et à sa richesse en glycérine végétale naturelle.
- Le savon à froid est **économique** ! Il remplace environ 2 flacons de gel douche de 250 ml. Quand il est terminé, la petite « chute » de savon peut être utilisée pour parfumer un tiroir ou une armoire.
- Le savon à froid **peut aussi laver les cheveux**. Pour cela, il faut qu'il soit si possible enrichi en agents tensio-actifs doux et antistatiques, comme le rhassoul, l'argile, la soie, l'amidon de riz, etc.
- Le savon à froid (sans huiles essentielles) est **parfait pour la toilette de bébé**, relisez le chapitre qui lui est consacré page 76 ☺
- Entre deux utilisations, le savon à froid **se conserve très bien** sur un porte-savon aéré (à trous ou à grille).
- Le savon à froid **mousse moins** qu'un savon industriel, mais il lave tout aussi bien et de dessèche pas la peau.

Quel savon à froid choisir ?

Il y a des centaines de savons à froid différents ! On les trouve sur certains marchés, dans certains magasins bio, ou en direct du producteur sur slow-cosmetique.com ! Voici des conseils pour trouver le vôtre :

- **Pour les peaux grasses ou à problèmes** (boutons, acné), on privilégie les savons à froid aux huiles essentielles assainissantes de lavande, tea tree, laurier, niaouli, menthe, sauge, romarin et géranium par exemple.

- **Pour les peaux sèches et matures** (rides, dartres), on privilégie les savons enrichis en huiles riches en Oméga-3 ou 6 : colza, rose musquée, bourrache, onagre, son de riz et beurre de karité par exemple, en miel ou en lait d'ânesse. Les savons au miel et au lait d'ânesse sont idéaux pour toutes les peaux qui cherchent apaisement et douceur. Les savons au lait d'ânesse Slow Cosmétique sont à base de lait d'ânesse frais, non surgelé, et n'exploitant pas l'ânesse en poussant son lait.

- **Pour les peaux réactives**, on privilégie les savons sans huiles essentielles, surgraissés avec des huiles apaisantes telles que le calendula, le karité, l'amande douce, ou enrichis en lait d'ânesse ou en miel.

- **Les peaux qui démangent ou souffrent d'irritations** apprécieront les savons à froid surgras au charbon. Ils sont apaisants et leur couleur noire, très jolie dans la salle de bains, les rend élégants.

Après la toilette

Après la toilette vient le moment du soin hydratant pour le corps. Il peut être tantôt raffermissant, tantôt relipidant selon vos besoins. Une simple huile végétale peut suffire, à choisir parmi les plus pénétrantes (jojoba, noisette, avocat, macadamia…). Le beurre de karité et l'huile de coco sont également très agréables à masser sur la peau après la douche. Et si vous voulez plus riche encore, vous trouverez page 118 une recette personnalisable de baume fondant pour le corps.
Si vous avez des besoins précis, lisez les recettes traitantes à partir de la page 130.

Après la douche, si vous commencez la journée, n'oubliez pas non plus d'appliquer votre déodorant (voir en page 121).

RECETTE

Mon baume corps nourrissant

Pour 1 pot de 100 g environ

Ustensiles : thermomètre de cuisine, balance précise, mini-fouet

Pesez puis versez dans un bol allant au bain-marie les ingrédients suivants :

- **12 g d'huile de noisette, de jojoba ou de noyaux d'abricot au choix**
- **10 g de beurre de cacao**
- **2,5 g de cire d'abeille en paillettes**
- **6 g de cire émulsifiante type Xyliance (sur slow-cosmetique.com par exemple)**

Faites chauffer au bain-marie.

Pendant ce temps, faites chauffer également au bain-marie :

- **60 g d'hydrolat ayant l'effet que vous recherchez (voir tableau page 102)**
- **4 g de glycérine végétale (en vente sur Internet)**
- **4 g de gel d'aloe vera**

▸ Lorsque les mélanges sont à même température (environ 65°C) et bien homogènes, ôtez du feu.

▸ Ajoutez progressivement la phase aqueuse aux corps gras fondus tout en remuant le mélange avec un petit fouet pour faire une émulsion. Ne cessez pas de mélanger jusqu'à ce que la crème épaississe, un peu comme une mayonnaise.

Quand la préparation a pris la forme d'une crème, encore fluide, incorporez :

- ***En option*** **: 20 gouttes d'huile essentielle réputée non irritante et ayant l'effet cosmétique que vous recherchez (voir tableau page 179)**
- **12 gouttes de conservateur type Cosgard**

▸ Homogénéisez et puis versez la préparation dans un pot bien propre. Laissez durcir la crème qui en 24 heures environ va devenir un baume crémeux.

▸ Faites chauffer une petite quantité de crème dans les mains puis massez le corps pour faire pénétrer.

▸ Ce baume hydrate et protège le corps des frottements des vêtements, et du dessèchement. Il est aussi idéal pour protéger les talons, les coudes ou les tétons de tout frottement désagréable.

▸ Le produit se conserve environ 3 mois à l'abri de la lumière, de la chaleur et de l'humidité.

Le moment qui suit la douche est aussi idéal pour prendre soin de ses seins. Ils n'ont pas besoin de grand-chose si ce n'est d'un massage harmonieux avec une huile de beauté assouplissante et raffermissante à la fois. On le pratique si possible 2 à 3 fois par semaine, avec des gestes caressants avec la paume des mains.

RECETTE

Mon huile raffermissante pour les seins

Pour 50 ml d'huile de beauté

Dans un flacon de 50 ml au moins en verre ambré ou bleuté, versez successivement :

- **Un peu moins de 5 cuillères à soupe modernes (10 ml) de macérât huileux de pâquerette (huile de bellis) ou à défaut d'huile d'argan.**
- **10 gouttes d'huile essentielle de néroli (fleur d'oranger) ou de santal blanc au choix.**

▸ Fermez le flacon puis agitez pour mélanger. On la chauffe dans les mains avant le massage. Son parfum est très agréable.

▸ Cette huile se conserve 9 mois environ à l'abri de la lumière, de la chaleur et de l'air.

Et le déo ?

La Slow Cosmétique offre plusieurs solutions pour un déodorant avec aucun ingrédient polémique. Voici un tableau repère bien pratique.

Je transpire	Je choisis donc…	Remarques
Un peu	Un hydrolat de menthe poivrée, de géranium ou d'hamamélis à vaporiser sous les aisselles.	Ces hydrolats frais et astringents sont évidemment sans alcools et sans perturbateurs endocriniens !
Normalement	- La recette du déodorant douceur à l'aloe vera et au bicarbonate de soude (voir page 121). - Une goutte d'huile essentielle de laurier noble ou de palmarosa frottée sous chaque aisselle, de temps en temps pour changer mais pas tous les jours. - Un déodorant roll-on ou solide avec bicarbonate de soude ou carbonate de calcium et huiles essentielles, comme ceux proposés sur slow-cosmetique.com	N'utilisez pas l'huile essentielle de palmarosa tous les jours, même si on lit partout que c'est merveilleux. Elle peut irriter au long terme. Elle est aussi **interdite aux femmes enceintes.**
Beaucoup	Une friction de bicarbonate de soude bien fin sur les aisselles humides.	On n'oublie pas d'épousseter l'aisselle avec un gant de toilette sec avant de s'habiller, pour retirer les grains en excès et éviter ainsi toute irritation
Beaucoup et de partout !	Une friction de bicarbonate sur les aisselles mais aussi sur les pieds et les mains.	On époussette après la friction, pour ne pas laisser les grains macérer sur la peau.

RECETTE

Mon déodorant douceur maison

Pour 25 ml environ

Versez dans un flacon roll-on récupéré et bien propre (désinfecté) :

- **1 cuillère à soupe et demie de gel d'aloe vera Slow**
- **1 cuillère à café d'hydrolat d'hamamélis ou d'hydrolat de rose ou géranium au choix**
- **1 cuillère à thé (un peu moins de 5 ml) d'huile de noyaux d'abricot**
- **1 très grosse pincée de bicarbonate de soude alimentaire**
- **12 gouttes d'un mélange de 2 à 3 huiles essentielles (soit environ 1,5 %) au choix parmi : petitgrain bigarade, essence de citron, orange douce, lavande vraie, lavandin super, cajeput, ravintsara, laurier noble, ylang-ylang ou toute huile essentielle réputée non irritante.**
- ***En option* : 6 gouttes de conservateur de type Cosgard**

▸ Fermez le flacon (fermez bien ☺) et agitez vigoureusement. Vous pouvez aussi, si vous préférez, mélanger les ingrédients au préalable dans un bol en utilisant un fouet.

▸ Versez ensuite dans le flacon roll-on avec un entonnoir.

▸ Utilisez le roll-on sous chaque aisselle comme un déodorant classique. Laissez sécher quelques instants avant de vous habiller.

▸ Se conserve un mois sans conservateur Cosgard, et environ 3 mois avec.

Les cheveux en mode Slow

Toutes les femmes rêvent de cheveux beaux et forts. Mais nous sommes toutes différentes et le cycle de la vie peut faire varier l'état de nos cheveux. Pour mettre toutes les chances de son côté en mode Slow Cosmétique, voici quelques conseils à suivre :

On opte pour une alimentation saine et variée, riche en nutriments pour les cheveux. Les acides gras essentiels sont idéaux (poissons gras, huile de cameline, lin, périlla, épinards, pourpier…).

On brosse les cheveux soigneusement chaque jour, dans tous les sens, avec une brosse à poils naturels ou avec des picots en plastique souples. On élimine ainsi des cheveux morts et on répartit mieux le sébum qui protège les cheveux.

On n'utilise pas de shampoing avec des silicones, des sulfates agressifs ou des substances éthoxylées (en –eth).

On évite de se laver quotidiennement les cheveux, on tente d'espacer à 2 shampoings semaine.

Environ 1 fois par semaine, on fait un bain d'huile (lire page 123).

1 fois par mois, quand on en ressent le besoin car les cheveux sont secs ou abîmés, on consacre 30 minutes à un masque capillaire maison (1 avocat mixé avec 3 cuillerées à soupe de crème fraîche par exemple).

Après le shampoing, on démêle ses cheveux naturellement (avec du gel d'aloe vera par exemple ou avec la recette de soin démêlant donnée plus loin).

TUTO

Comment pratiquer un bain d'huile capillaire ?

C'est le secret pour des cheveux plus sains et plus forts, voilà comment faire en 5 étapes :

1 - Au moins 1 fois par semaine, versez dans un bol 1 à 2 cuillerées à soupe d'une huile végétale fine et pénétrante. Optez pour l'avocat ou l'argan, si vos cheveux sont plutôt secs. Pour la nigelle ou le jojoba, si vos cheveux sont plutôt gras.

2 - Agrémentez l'huile de 3 gouttes d'huile essentielle d'ylang-ylang. Celle-ci est réputée pour son parfum délicieux, mais aussi pour ses vertus stimulantes sur la pousse et la brillance des cheveux.

3 - La technique est importante : prélevez un peu d'huile dans vos mains, frottez-vous les paumes et les doigts, puis griffez ensuite du bout des doigts les cheveux des racines aux pointes. Continuez pour vider le bol d'huile.

4 - Massez le crâne puis laissez poser au moins 20 minutes sous une serviette tiède.

5 - Faites un shampoing Slow pour bien rincer.

Laver ses cheveux en mode Slow

Comme je vous l'ai déjà précisé, il est déconseillé de se laver les cheveux plus de 2 ou 3 fois par semaine pour ne pas les rendre secs ou cassants et pour ne pas irriter inutilement le cuir chevelu. Lors du shampoing, un bon massage de 40 secondes avec la pulpe des doigts est très bénéfique car il stimule la pousse.

On choisit **un shampoing sans sulfates et sans silicones.** Les shampoings portant la mention « Slow Cosmétique » sont une bonne alternative car ils sont garants d'une formule propre et d'une capacité à ne pas tricher avec le cheveu. Si on a opté pour un shampoing solide, c'est tant mieux pour l'environnement car c'est zéro flacon et zéro eau dans la formule !

Il faut noter qu'une formule bio et Slow lave aussi bien, même si elle mousse beaucoup moins qu'un shampoing ordinaire (car elle est dépourvue des tensioactifs agressifs qui font mousser).

Quel que soit le shampoing naturel utilisé, une période de transition est nécessaire. Il faut un mois environ pour que le cheveu s'habitue. C'est la détox progressive du cheveu qui veut cela. Les silicones ont tendance à bien s'accrocher, hélas ! Une solution consiste à opter systématiquement pour un soin démêlant et hydratant après le shampoing. Lisez le point suivant à ce sujet. Le rinçage à l'eau vinaigrée aide bien aussi. On compte alors 2 cuillères à soupe de vinaigre de cidre bio dans 1 litre d'eau minérale pour obtenir l'eau de dernier rinçage.

SOS démêlage

Pour démêler ses cheveux au naturel, surtout s'ils sont frisés, cassants ou fragiles, rien de tel que le gel d'aloe vera ! Riche en polysaccharides humectants et hydratants, il a une texture légère qui n'alourdit pas la chevelure. En séchant, il gaine la kératine du cheveu sans l'étouffer : le coiffage est facile, les cheveux plus brillants. Associé à un peu d'huile végétale (avocat, argan, noisette ou olive) et à une huile essentielle (ylang-ylang, lavandin, petit-grain bigarade ou orange douce), le gel d'aloe vera donne un soin après-shampoing très complet.

Pour le séchage, souvenez-vous que le sèche-cheveux n'est pas forcément mauvais s'il est réglé à la température la plus basse possible et tenu à bonne distance des cheveux. Si vous avez de longs cheveux, évitez de les envelopper et de les tordre dans une serviette pour les essorer : mouillés, ils sont encore plus fragiles et cassants. De même, ne les brossez pas tant qu'ils sont encore humides.

RECETTE

Mon soin démêlant après-shampoing

Pour 100 ml de produit environ (soit pour 6 usages environ)

Dans un flacon pompe recyclé et bien désinfecté (type flacon de savon liquide pour les mains) de 100 ml au moins, versez successivement :

- **90 ml de gel d'aloe vera de qualité Slow Cosmétique**
- **1 cuillère à soupe d'huile d'avocat**
- **12 gouttes d'huile essentielle d'ylang-ylang (si vous aimez) ou de romarin officinal.**

▸ Fermez le flacon et secouez le mélange pour obtenir une crème.

▸ Appliquez un petit peu de cette émulsion après le rinçage sur cheveux mouillés, en lissant les cheveux avec vos doigts, des racines jusqu'aux pointes.

▸ Laissez poser 10 minutes si possible, puis démêlez au peigne ou à la brosse spéciale adaptée.

▸ Il n'est pas obligatoire de rincer. Laissez sécher au naturel ou bien séchez avec le sèche-cheveux réglé à froid.

Et la coloration ?

Clé n° 1 : lisez bien les emballages !

Les mots « sans ammoniaque » ou « végétale » sur le paquet ne veulent hélas rien dire. Plusieurs produits très différents sont proposés sur le marché. Plus de 80 % du marché est occupé par des colorations dites « chimiques » ou synthétiques. Elles sont bon marché et permettent toutes les nuances de couleurs (du foncé au blond et du blond au foncé). Par contre, elles sont truffées de substances parmi les plus allergènes et irritantes (para-phénylène-diamine, toluènes, naphtols…), et beaucoup d'entre elles contiennent des ingrédients supposés être perturbateurs endocriniens et/ou cancérigènes (résorcinol, diamines aromatiques…). Elles fragilisent le cheveu au long terme.

Clé n°2 : optez pour le 100 % végétal

Une toute petite partie du marché est dédiée aux véritables colorations végétales. Attention : ne croyez pas en trouver systématiquement en magasins bio. Hélas, beaucoup de « fausses » colorations végétales existent, mêlant à la fois des poudres végétales et des diamines ou autres ingrédients polémiques.

Les vraies colorations végétales ne contiennent QUE des poudres végétales issues de plantes tinctoriales. Ces plantes ne sont pas polémiques pour la santé. Le produit est biodégradable. Les reflets colorés sont temporaires mais très durables. Si la qualité est bonne et la quantité suffisante, la couleur tient aussi longtemps qu'une couleur normale mais évolue à un moment vers le roux, le vénitien.

COMMENT RECONNAÎTRE LES COLORATIONS À ÉVITER ?

Lisez la liste INCI et tentez d'identifier les ingrédients les plus problématiques : e thanolamine, composés en xx-eth, en xx-diamine, xx-phenol, xx-toluene-xx, et resorcinol.

Mais quelles plantes tinctoriales et quels bienfaits ? La plus connue est le henné (*Lawsonia Inermis*) : les feuilles séchées sont verdâtres mais la couleur libérée sur les cheveux est cuivrée, acajou. Cette plante renforce le cheveu et le gaine autant qu'elle lui donne des reflets cuivrés. Attention, le henné noir ou marron n'existe pas. Ce sera alors souvent un mélange de henné et d'indigo (*Indigofera tinctoria*), ou hélas parfois un mélange contenant de la paraphénylène diamine (pPD). Évitez-le soigneusement.

D'autres plantes sont utilisées par les professionnels de la coloration végétale comme les marques lauréates de la Mention Slow Cosmétique et disponible sur :
slow-cosmetique.com. On trouve par exemple dans ces poudres de l'indigo pour le bleu noir (*indigoferra tinctoria*), de la noix pour le marron ou blond foncé (*juglans regia L.*), le henné ou même l'hibiscus pour les rouges (*hibiscus sabdariffal*) ou la garance (*rubia tintorum*).

COMMENT PASSER À LA COLORATION VÉGÉTALE ?

Certes, avec une coloration végétale, on ne peut pas aller du foncé vers le blond, seulement du blanc, gris ou blond vers le foncé, ou du foncé vers des nuances cuivrée ou marron. Mais la qualité écologique est là.

Attention, **cela ne peut pas se faire du jour au lendemain**. Il faut une détox du cheveu, bien le nettoyer des substances comme les silicones qui peuvent empêcher les pigments naturels de gainer le cheveu. La solution ? 1 ou 2 shampoings doux avant le traitement, ainsi qu'un cataplasme (masque) capillaire à l'argile avant pour bien tout éliminer. Faites-vous conseiller par un pro de la coloration végétale.

Chez un coiffeur spécialisé ou chez soi, il faut compter 2 heures pour toutes les étapes la première fois.

De beaux ongles en mode Slow

Une bonne manucure en mode Slow Cosmétique passe par des étapes incontournables, qui peuvent être réalisées en fonction des envies. De même, on est tout à fait libre d'opter ou non pour un vernis. Si on opte pour la couleur, il vaut mieux que le vernis soit lauréat de la Mention Slow Cosmétique par exemple, car il sera alors dénué des ingrédients les plus polémiques, très présents hélas dans les vernis (dont certains libérateurs de formaldéhydes).

Voici les 4 étapes d'une manucure Slow :

1 Ramollir les cuticules avec un émollient

Un petit bol d'eau tiède avec quelques copeaux de savon suffit. Plongez les doigts, attendez 5 minutes environ, retirez-les du bain émollient et séchez. Il ne vous reste plus qu'à repousser les cuticules avec un bâtonnet « pied-de-biche » ou un repousse-cuticule (en parapharmacie).

2 Nourrir l'ongle et les cuticules

Trois huiles végétales font des merveilles en la matière : olive, argan ou ricin. Cette dernière est en outre réputée renforcer l'ongle et stimuler sa pousse. Massez chaque ongle tous les soirs avec 1 goutte d'huile.

3 Limer et polir les ongles

Idéalement, les ongles se liment des coins extérieurs vers la pointe, dans un seul sens plutôt qu'en va-et-vient (ce qui peut abîmer l'ongle ou favoriser son dédoublement). La lime émeri (en carton biface) est idéale car elle est abrasive d'un côté pour limer, et plus douce de l'autre pour éliminer les filaments d'ongle qui se présentent en dessous du bord libre après le limage. Une bonne lime en verre est plus efficace encore, mais bien plus chère.

4 Polir l'ongle et blanchir le bord libre

Avez-vous un polissoir ? Les polissoirs sont dotés de 3 faces au minimum : une face abrasive pour dégager la plaque de l'ongle des impuretés, une face qui ponce en douceur l'ongle, et une face en cuir ou en plastique lisse qui fait briller. Un polissage régulier peut rivaliser avec une pose de vernis : le rendu est certes naturel mais très glamour.

Pour un bord libre blanc et propre, vous pouvez passer un cure-dents trempé dans du jus de citron.

COMMENT CHOISIR UN VERNIS MOINS POLÉMIQUE ?

Le souci avec les vernis, c'est leur composition. Leurs ingrédients ont été critiqués pour leur impact environnemental (polymères, matières plastiques, pétrochimie) et sanitaire (formaldéhyde, solvants, phtalates…).

On trouve aujourd'hui dans le commerce des vernis dits « 4 free », c'est-à-dire dénués des 4 ingrédients les plus polémiques :

- sans dibutylphtalate, supposé être un perturbateur endocrinien ;
- sans toluène, réputé neurotoxique, allergisant et irritant s'il est inhalé ;
- sans formaldéhyde, réputé cancérigène ;
- ni xylène F (un hydrocarbure aromatique) ou sans colophane de synthèse.

On adoptera donc uniquement des marques qui garantissent l'absence de ces ingrédients, et par exemple les couleurs variées des gammes proposées par les marques de maquillage lauréates de la Mention Slow Cosmétique (Bo.Ho Green Make-Up®, Zao®…).

Astuces beauté en mode Slow

Nous avons passé en revue dans ce chapitre tout ce qui concerne la toilette et la beauté au quotidien d'une femme. Mais il peut rester certaines questions relatives à des besoins plus spécifiques. Voici des conseils et recettes pratiques…

Cellulite

Inutile de vous jeter sur la crème amincissante la plus chère en pharmacie : aucun cosmétique ne vous fera maigrir, et « redessiner la silhouette » est un grand mot. On peut cependant espérer de bons résultats sur les capitons et la cellulite « molle », si on combine quelques bons gestes :

- Une alimentation saine et équilibrée qui favorise l'élimination et la circulation (de l'eau, des soupes, du thé vert, des légumes verts, peu ou pas de sel…).
- Une marche de 20 minutes par jour au moins.
- Un massage matin et soir sur les zones rebelles avec une huile aromatisée qui stimule la lipolyse (casser les graisses) et la circulation (voir recette page 131). Idéalement, on fait précéder ce massage par un bon gommage au marc de café 2 fois par semaine, pas les autres jours.

PAMPLEMOUSSE :
ANTI-CELLULITE ET COUPE-FAIM !

Vous pouvez aussi utiliser l'essence de pamplemousse comme un coupe-faim naturel. Une étude a en effet prouvé que le fait de la respirer profondément à chaque envie de sucré ou de fringale dissipait rapidement la sensation de faim ☺ Pensez-y quand vous réalisez l'huile minceur anti-capitons à l'essence de pamplemousse (voir page 131) !

RECETTE

Mon huile minceur anti-capitons

Pour 50 ml d'huile de soin environ

Dans un flacon en verre ou en plastique, ambré ou bleuté, de 50 ml au moins, versez successivement :

- **30 gouttes d'HE de cèdre de l'Atlas (*Cedrus atlantica*) ou de patchouli (*Pogostemon cablin*) au choix**
- **25 gouttes d'HE de pamplemousse sans furocoumarines (*Citrus x paradisii*)**
- **4 grosses cuillères à soupe d'huile de calophylle, d'avocat ou d'argan vierge bio, au choix**

▸ Fermez le flacon et secouez doucement avant d'utiliser.

▸ Massez les capitons de façon tonique, matin et soir. Vous pouvez vous pincer légèrement ou imiter le fameux palper-rouler. Beaucoup de femmes utilisent même les ventouses de massage qu'on trouve sur slow-cosmetique.com par exemple !

▸ Pourquoi ça marche ? Le massage en lui-même fait beaucoup, mais les huiles essentielles de patchouli ou de cèdre stimulent la circulation. L'essence de pamplemousse casse les graisses et les fluidifie un peu. Sans furocoumarines, il n'y a pas de risque de photosensibilisation. Mais si vous n'avez trouvé que de l'essence de pamplemousse classique, évitez le soleil 12 heures après le massage.

→ Cette huile se conserve environ 6 mois à température ambiante après ouverture. **Elle ne convient pas aux femmes enceintes.**

RECETTE

Mon gommage corps au marc de café

Pour 1 gommage des fessiers, cuisses, ventre (soit 1 usage)

Dans un bol, versez :

- **1 cuillère à soupe de marc de café infusé (récupérez-le dans le filtre à café ou dans une capsule)**
- **1 cuillère à soupe d'huile d'argan ou d'olive**
- **1 cuillère à café de gel douche neutre**

▸ Touillez pour obtenir une pâte que vous masserez en mouvements circulaires sur les zones capitonnées du corps, sous la douche.

▸ Rincez après 2 minutes de gommage au moins. C'est une option mais c'est encore plus efficace : si vous avez le temps, laissez poser le gommage au café en enveloppant la zone gommée avec du cellophane pendant 30 minutes au moins. Rincez à grandes eaux. Terminez par l'application de votre huile minceur.

Recette testée et approuvée

Delphine du blog *Petites astuces entre filles*

« *Mon gommage chouchou depuis plusieurs mois. Il est économique et zéro déchet. Peau douce garantie !* »

Marie du blog *MamanYoupie*

« *Après le petit déjeuner cocooning du dimanche matin, je récupère le marc de café infusé et c'est parti pour une matinée où je prends soin de moi* ☺ »

Aline Gubri du blog *Consommons sainement*

« *Des années que nous utilisons cette recette simple et efficace. Le petit bonus : la douce odeur de café qui embaume la salle de bains à chaque utilisation !* »

De belles dents en mode Slow

Des dents saines pour toute la famille, c'est sans doute ce qu'il y a de plus important, et votre dentiste est là pour vous aider à les maintenir au top.

Le dentifrice a son importance. Dans le commerce, il est encore très difficile de trouver un dentifrice sans ingrédients polémiques pour la santé. La plupart contiennent des substances synthétiques, et pas mal de perturbateurs endocriniens (un des pires est le Triclosan, qui se fait plus rare maintenant). Et puis, il y a toute la polémique sur le fluor que certains plébiscitent alors que d'autres le dénoncent.
Les dentifrices certifiés bio existent et leur formule est dénuée de polémique, mais ils sont souvent à base d'argile dont le pouvoir abrasif au long terme peut augmenter la sensibilité gingivale ou dentaire. Il existe bien entendu plusieurs dentifrices lauréats de la Mention Slow Cosmétique, mais on peut aussi avoir envie de le fabriquer soi-même. Ça vous dit ?

Dans mes précédents ouvrages sur la Slow Cosmétique, je vous ai donné des recettes de dentifrice en poudre à base d'argile ou de carbonate de calcium. On verse un peu de poudre sur la brosse à dents, et hop. Pour changer de la routine et utiliser quelque chose qui convient bien aux enfants aussi, je vous livre ici une recette de pâte très simple et très efficace.

VOUS VOULEZ DES DENTS ÉCLATANTES ?

Si on veut des dents blanches et éclatantes, quelques astuces au naturel peuvent être adoptées par les adultes :

- **Bicarbonate :** ajoutez une pincée de bicarbonate de sodium alimentaire sur la dose de dentifrice deux fois par semaine. Effet blancheur très doux et progressif.
- **Aromathérapie :** ajoutez 1 goutte d'huile essentielle (essence) de citron ou d'huile essentielle de tea tree (melaleuca alternifolia) sur la dose de dentifrice, 3 fois par semaine au maximum.

RECETTE

Un dentifrice maison pour toute la famille

Pour 35 à 45 ml de produit environ

Dans un bol bien désinfecté, versez successivement :

- **6 cuillères à café de carbonate de calcium. Cet agent est à la fois un abrasif très doux (beaucoup plus doux que l'argile ou le bicarbonate) et un nettoyant.**
- **1 à 2 pincée(s) de bicarbonate de soude alimentaire. Il est assainissant mais aussi capable de faire saliver, ce qui ici est bénéfique car la salive contient des traces de fluors naturels, et participe à l'hygiène buccale. Évitez-le si votre famille trouve le goût légèrement salé insupportable, mais ce serait dommage.**
- **1 cuillère à café rase de glycérine végétale (sert ici de liant et de protecteur)**
- **3 à 4 cuillères à café d'eau minérale ou d'hydrolat (de menthe poivrée si vos enfants supportent la menthe, de camomille sinon)**

▸ Touillez pour obtenir une pâte épaisse. Au besoin, mouillez encore ou au contraire ajoutez un peu de carbonate de calcium si c'est trop liquide.

▸ Ajoutez alors à la pâte bien lisse et sans grumeaux : 4 gouttes d'essence de citron zeste, ou 4 gouttes d'huile essentielle de menthe poivrée ou verte si vos enfants ont plus de 12 ans et supportent la menthe et que vous n'êtes pas enceinte.

▸ Touillez bien, puis versez la préparation pâteuse dans un contenant de 50 ml au moins. Un pot bien propre et hermétique, en plastique souple si possible, peut convenir. Mieux, si vous trouvez un flacon pompe dont le bec de la pompe est bien large, utilisez-le !

▸ Ce produit s'utilise comme un dentifrice classique et convient à tous.

▸ Il se conserve 1 mois à l'abri de l'air, de la lumière et de la chaleur.

Recette testée et approuvée

Delphine du blog *Petites astuces entre filles*

« *Une recette simple et efficace qui plaît à toute ma famille !* »

Boutons et imperfections

Même si la peau est soignée au quotidien, bien nettoyée et hydratée, il peut arriver qu'un vilain bouton pointe le bout de son nez. Si les boutons sont nombreux et répartis sur tout le visage, il peut s'agir d'acné, de rosacée ou d'une dermite séborrhéique. Seul votre dermatologue peut poser le bon diagnostic et il faut consulter. Mais si vous faites face à un ou deux boutons isolés, rouges et qui font un peu mal, vous pouvez traiter cela en solo…

▶ **Geste 1** : on peut appliquer 1 goutte d'huile essentielle de lavande vraie, de tea tree ou de lavandin (au choix) sur un bouton isolé (sur la joue, sur une tempe ou sur la lèvre). On répète l'opération 1 fois toutes les heures, pendant 6 heures. Le bouton se résorbe vite et bien.

▶ **Geste 2** : si vraiment on doit sortir, on peut camoufler le bouton avec un stick correcteur mais il vaudra mieux le choisir dans une gamme de maquillage lauréate de la Mention Slow Cosmétique, car beaucoup de correcteurs proposés par la cosmétique conventionnelle font pire que mieux en étouffant le bouton à cause des ingrédients comédogènes qu'ils contiennent.

▶ **Geste 3** : si plusieurs boutons sont présents sur le visage, il n'est pas évident de mettre en pratique le geste 1 décrit ci-dessus. Dans ce cas, on peut se fabriquer un petit roll-on aux huiles essentielles diluées, qui sera facile à utiliser et juste bien dosé.

RECETTE

Ma synergie anti-boutons

Pour 10 ml d'huile de soin environ

Dans un flacon roll-on de 10 ml au moins, dont l'embout roll-on est petit et précis, versez successivement :

- **25 gouttes d'huile essentielle de lavande vraie ou tea tree, au choix**
- **25 gouttes d'huile essentielle de lavandin**
- **Un peu moins d'1 cuillère à soupe d'huile de tournesol ou de noyaux d'abricot vierge et bio**

- Fermez le flacon et secouez doucement.
- Utilisez ensuite le roll-on directement sur chaque bouton, juste après le nettoyage du visage et avant d'appliquer tout autre soin.
- Répétez au besoin en cours de journée, si possible 3 à 6 fois jusqu'à disparition du bouton.
- Ce mélange se conserve 6 mois environ à l'abri de l'air, de la lumière et de la chaleur.

Taches

Il existe hélas bien des types de taches pigmentaires qui apparaissent sur la peau au fil de la vie. Sur les mains, on parle de « lentigos » ou parfois « fleurs de cimetière ». Ces taches (visage, cou et décolleté, mains et bras...) apparaissent suite à l'exposition répétée aux UV sur une peau prédisposée (et plutôt âgée). On ne peut pas « effacer » radicalement les taches avec des cosmétiques mais il est possible de les atténuer fortement si l'on s'y prend à temps, et aussi de prévenir l'apparition de nouvelles taches avec une routine simple :

1 Étape 1 : exfolier au citron

Le citron présente des propriétés intéressantes pour la peau et a l'avantage de combiner deux actions : exfoliation grâce à ses acides de fruits et soin éclaircissant. Le jus de citron peut donc être utilisé en friction sur les taches le soir venu : appliquez un coton imbibé de jus de citron directement sur les taches, gardez le citron toute la nuit si possible. Si le picotement vous gêne trop, diluez au préalable le jus de citron à 50/50 avec de l'eau. Au matin : rincez bien à l'eau claire ! Appliquez ensuite votre soin traitant.

2 Étape 2 : appliquer un soin traitant

L'huile essentielle de carotte est très recommandée pour égaliser le teint et lutter contre les taches, tout comme celle de céleri. Mais on ne peut pas les utiliser pures, ce qui serait d'ailleurs inutile. On masse donc chaque jour sur les taches un soin justement dosé et non gras, à appliquer avant tout autre soin.

3 Étape 3 : protéger pour prévenir

Si vous êtes vraiment sujette aux taches sur les mains et le visage, il faudra éviter que de nouvelles taches n'apparaissent. Chaque matin, terminez votre routine de soin par l'application d'une crème solaire à l'indice de protection 20 au minimum, en toute saison. Ce geste est une option pour le visage si vous vous maquillez, mais c'est nécessaire pour les mains. Choisissez le soin solaire certifié bio ou Slow Cosmétique pour éviter les perturbateurs endocriniens.

RECETTE

Mon sérum traitant anti-taches

Pour 15 ml de sérum anti-tache environ

Dans un petit flacon pompe ou tube de 15 ml au moins, versez successivement :

- **25 gouttes d'huile essentielle de carotte sauvage ou cultivée (*daucus carota*) si possible d'origine Corse**
- **5 gouttes d'huile essentielle de céleri**
- **½ cuillère à café d'huile d'olive ou de tournesol**
- **1 cuillère à soupe de gel d'aloe vera cosmétique de qualité Slow (soit un peu moins de 12 ml).**

▸ Fermez le flacon et secouez vigoureusement. La préparation doit s'opacifier.

▸ Utilisez chaque jour, le soir, en massage localisé sur les taches, en faisant bien pénétrer avant de poursuivre votre routine beauté.

▸ Ce mélange se conserve aussi longtemps que votre gel d'aloe vera utilisé (voir date de péremption sur l'emballage).

Épilation

Alors, sommes-nous prêt(e)s pour des jambes lisses, des aisselles et un maillot parfaits pour la belle saison ? Ce n'est pas une nécessité en Slow Cosmétique, mais si on aime ça, alors voici quelques conseils.

Avant l'épilation

Le secret d'une épilation réussie est une peau préalablement bien exfoliée. En éliminant soigneusement les peaux mortes à la surface de l'épiderme, on dégage le poil afin de s'assurer qu'il sera facilement ôté. Pour le gommage, on peut utiliser une recette maison. Mélangez 1 cuillère à soupe de sucre fin ou de bicarbonate de soude alimentaire à une cuillère à soupe d'huile de macadamia ou d'argan. Massez longuement la pâte obtenue sur les zones à épiler avant de rincer abondamment à l'eau tiède. À pratiquer quelques jours avant l'épilation ainsi que la veille.

Pendant l'épilation

On privilégie si possible l'épilation au sucre, à l'orientale, car c'est la plus naturelle. La technique n'est cependant pas simple, car tout l'art consiste à obtenir une cire suffisamment malléable à l'utilisation, collante mais pas trop, et surtout pas brûlée.

Pour faire un point sur le bon choix des techniques d'épilation, lisez page 171.

Après l'épilation, je fais quoi ?

Rougeurs, démangeaisons ? Appliquez un peu de macérât de calendula ou de gel d'aloe vera de qualité Slow sur la zone traitée. À faire immédiatement après l'épilation, et si possible 3 à 4 fois dans les 24 heures qui suivent si la peau est très sensible.

Repousses trop rapides ? Découvrez l'huile de souchet (*Cyperus esculentus*, appelée aussi *Tigernut* en anglais ou *Chufa* en espagnol). Elle s'applique dès le lendemain de l'épilation, tous les jours, en massage localisé sur la zone traitée. Son effet anti-repousse est essentiellement théorique et non prouvé scientifiquement mais beaucoup de femmes le confirment. Petit +, cette huile fine à la saveur et l'odeur douces est aussi un bon soin hydratant.

Poils incarnés ? Il faut exfolier en douceur, retirer chaque poil avec une pince à épiler, ou bien masser avec une préparation aux huiles essentielles kératolytiques comme celle qui suit. Lisez aussi page 173 pour des conseils supplémentaires.

RECETTE

Cire épilatoire Slow

- **300 g de sucre fin**
- **1 cuillère à soupe de miel liquide**
- **1 petite pincée de sel**
- **le jus de ½ citron (pas plus !)**

▸ Dans une casserole, versez le sucre et 1 volume d'eau d'environ 100 ml. L'eau doit tout juste couvrir le sucre (même niveau) mais surtout pas l'inonder.

▸ Délayez ensuite dans le sucre mouillé, le miel et la petite pincée de sel. Aidez-vous d'une fourchette pour bien délayer le tout à froid. Vous devez obtenir une eau sucrée bien blanche. Vérifiez l'absence de grumeaux.

▸ Portez le mélange à ébullition sans le brûler, tout en mélangeant avec une cuillère en bois ou une spatule en métal. Attendez que le mélange monte en mousse. Lorsque le mélange monte en mousse, baissez le feu et laissez redescendre.

▸ Ajoutez tout de suite le jus de citron. Augmentez à nouveau la température pour faire remonter le mélange à ébullition. Maintenez l'ébullition pendant environ 15 minutes pour obtenir un caramel onctueux et doré.

▸ Prélevez une goutte de cire chaude avec une cuillère et laissez tomber la goutte sur le dos d'une assiette plate mouillée d'eau froide. Si la goutte se fige, c'est bon. Si la goutte reste liquide, continuez la cuisson.

▸ Une fois la cire prête, retirez du feu, versez dans une boîte en plastique et laissez refroidir.

▸ La cire naturelle au sucre se travaille tiède. Vous pouvez chauffer votre cire au micro-onde dans sa boîte ou l'utiliser juste avant qu'elle ne soit totalement refroidie. Prélevez une boule de cire et travaillez-la du bout des doigts mouillés d'eau froide. Malaxez la cire pour qu'elle devienne nacrée et plus claire. Remouillez les doigts régulièrement.

▸ Appliquez toujours la cire dans le sens du poil, en tirant la pâte sous vos doigts, et tirez d'un coup sec en sens inverse. Vous pouvez réutiliser la même boule de cire pour une zone complète (demi-jambe, aisselle, etc.)

RECETTE

Mon huile post-épilation

Pour 30 ml d'huile de soin

Dans un flacon compte-gouttes opaque de 30 ml au moins, versez successivement :

- **20 ml d'huile de souchet (cyperus esculentus) ou de calendula si vous n'avez pas trouvé d'huile de souchet.**
- **8 ml d'huile de nigelle**
- **25 gouttes d'huile essentielle de romarin à verbénone (et seulement celui-là), ou de sauge officinale si celle-ci est disponible**
- **25 gouttes d'huile essentielle de carotte, ou de romarin à verbénone si vous avez utilisé la sauge.**

▸ Fermez bien le flacon et agitez doucement pour mélanger les ingrédients.

▸ Cette huile de soin post-épilatoire a pour but d'apaiser la peau épilée, de prévenir la repousse des poils et l'apparition de poils incarnés. Elle peut être utilisée tout de suite après l'épilation et est à recommander en application au moins 1 fois par jour pendant toute la semaine qui suit l'épilation.

▸ Fortement dosée en huiles essentielles, elle ne convient pas aux femmes enceintes ou allaitantes. Se conserve 6 mois environ à l'abri de l'air, de la lumière et de la chaleur.

Sentir bon en mode Slow

Certes, les parfums « stars » sentent très bon et tiennent longtemps, mais c'est fou de savoir qu'ils contiennent des molécules de synthèse en écrasante majorité, de l'alcool non bio, parfois des muscs synthétiques (polémiques pour la santé), des fixatifs industriels, et notamment des phtalates. Pour rappel, les phtalates sont aujourd'hui fortement soupçonnés d'être parmi les pires perturbateurs endocriniens.
Pas très noble tout ça, n'est-ce pas ?

On est bien loin de la légende de Grasse, et des belles essences végétales que la publicité met en avant… Quand on vous décrit un parfum « aux accents de rose, de café ou de ciste »… eh bien il n'y a pas la moindre goutte d'essence naturelle dedans, ou alors c'est une exception à la règle ! Cela fait réfléchir avant d'acheter un parfum soi-disant « de luxe »…

Et la liste INCI des parfums alors ?

Le parfum, c'est l'exception qui confirme la règle en matière d'INCI. On le désigne dans la liste des ingrédients sous le terme « fragrance » ou « parfum », sans en donner les composants, sauf les allergènes présents dedans (linalol et compagnie) qui seront mentionnés en fin de liste.
Pourtant, un parfum contient souvent des dizaines, voire des centaines de composés (volatils le plus souvent).

3 conseils pour vous parfumer

- Prenez votre bâton de pèlerin et partez à la découverte des **parfums bio ou lauréats de la Slow Cosmétique.** Ils sont garantis sans phtalates ni ingrédients purement synthétiques. On trouve bien entendu surtout des eaux de toilette et de Cologne, plutôt à base d'huiles essentielles. Du coup, le parfum tient moins longtemps et les notes sont moins nuancées. Mais il existe aussi des marques de parfums « naturels » qui utilisent des extraits et fragrances naturelles sur une base d'alcool bio, et qui ont un sillage tout aussi prononcé que les parfums conventionnels (allez voir sur : slow-cosmetique.com).
- Si vraiment vous ne pouvez pas vous passer de votre parfum conventionnel, **parfumez plutôt les vêtements** en évitant la peau et les cheveux, et utilisez-le occasionnellement et ne parfumez pas vos enfants.

- Si vous aimez ça, **fabriquez votre propre parfum** à base d'huiles essentielles mais sachez qu'il sera moins « racé » et plus « léger » qu'un parfum du commerce. Vous trouverez des recettes sur lessentieldejulien.com, ou ailleurs sur le web. Retenez qu'il vous faudra au moins **3 huiles essentielles** (pour les notes de fond, de cœur et de tête), 6 au maximum, et pour le dosage, on comptera toujours **entre 80 et 100 gouttes d'huiles essentielles pour 100 ml de parfum au total**.

Ainsi, pour un parfum aux senteurs délicates d'agrumes, on répartit comme suit :

- 90 ml de vodka ou alcool bio
- 30 gouttes d'huile essentielle de cèdre pour la note de fond
- 40 gouttes d'huile essentielle de néroli pour la note de cœur
- 30 gouttes d'essence de pamplemousse ou de citron pour la note de tête.

TÉMOIGNAGE d'une MAMAN SLOW : Amandine et ses bombes de bain

Amandine Devillard est l'heureuse maman de deux jumelles de 7 ans. Elle vit à Lallaing en France, à la campagne. Elle a commencé à fabriquer quelques produits à la naissance de ses enfants dans un souci de maîtrise de ce qu'elle appliquait sur leur peau. En 2015, sa famille a décidé de s'engager dans une démarche zéro déchet. Elle a fabriqué d'autant plus de produits et est passée au savon à froid ainsi qu'au shampoing solide. Elle s'est notamment inspirée des recettes du blog : lessentieldejulien.com

Elle nous livre sa recette à faire pour les enfants ou pour soi !

« Parce qu'une maman doit aussi prendre soin d'elle, je me réserve le dimanche soir pour un spa maison.

Après un brossage à sec et une bonne douche, j'adore me préparer un gommage du visage avec de la poudre d'amande et de l'huile de jojoba.
La peau est d'une douceur angélique ! J'applique ensuite un masque à l'argile blanche faite maison. Après rinçage, un peu d'aloe vera et d'huile végétale réhydratent ma peau. C'est parti pour une nouvelle semaine !

Ma recette Slow Cosmétique perso à partager est celle des bombes de bain. Je les ai fabriquées pour remplacer les billes parfumées que mes jumelles aimaient beaucoup. Succès assuré quand je les sors ! »

RECETTE

Les bombes de bain d'Amandine

Pour environ 10 bombes de bain de la taille d'un petit muffin

Dans un saladier, mélangez les ingrédients suivants avec un fouet :

- **220 g de bicarbonate de soude alimentaire**
- **110 g d'acide citrique en poudre (disponible en magasin bio, par exemple)**
- **110 g de Maïzena**

Dans une bouteille munie d'un spray (genre bouteille spray pour les plantes), mélangez :

- **Un petit verre à moutarde d'eau**
- **3 cuillères à café d'huile d'amande douce ou de noyaux d'abricot**
- **20 gouttes d'huile essentielle au choix parmi les essences douces que sont l'orange douce, la lavande vraie, la rose de Damas, la mandarine, le petitgrain bigarade...**

▸ Vaporisez progressivement le contenu de la bouteille sur le mélange bicarbonate/acide citrique/maïzena en prenant soin de bien mélanger au fur et à mesure pour que le mélange ne mousse pas. Il doit avoir la consistance du sable. Ne mouillez pas trop !

▸ À l'aide d'une cuillère, remplissez de petits moules en silicone (que l'on trouve aisément au rayon pâtisserie) et tassez bien. Laissez reposer toute la nuit dans un endroit frais avant d'utiliser.

▸ Démoulez délicatement 1 à 2 bombes de bain à chaque utilisation, et plongez dans l'eau du bain.. Profitez des rires de vos enfants !

▸ Gardez ensuite au réfrigérateur. Ces bombes se conservent environ 4 mois.

La Slow Cosmétique pour papa (et ses copains)

Dans ce chapitre, vous allez renouer avec vos ancêtres ! Eh oui, les athlètes de l'Antiquité pratiquaient déjà certains gestes Slow Cosmétique pour prendre soin de leur corps et de leur peau. Plus sérieusement, nous allons découvrir ici comment entretenir facilement le visage d'un homme, sa peau, son corps, sa pilosité et ses cheveux avec des produits naturels et peu transformés.

Avant de dévorer ce chapitre, souvenez-vous que tous les conseils de ce livre sont mixtes. Ainsi, si vous souhaitez définir votre type de peau, choisir le bon savon à froid pour votre douche, fabriquer votre gommage visage et corps, fabriquer votre déodorant, faire disparaître un bouton ou opter pour un dentifrice « maison », relisez le chapitre précédent et concentrez-vous sur les recettes et conseils qui vous intéressent.

La routine visage du matin

Ce n'est plus un tabou : les hommes prennent soin de leur peau. Et ils ont raison de le faire ! Car si la peau d'un homme est naturellement plus épaisse et produit plus de sébum que celle d'une femme, elle est aussi sensible et fragilisée par le rasage quotidien ou certaines activités.

Pour ces raisons, elle doit être apaisée et nourrie au moins 1 fois par jour après le rasage, que celui-ci soit électrique ou mécanique.

Avant de voir en détail comment adopter une routine Slow Cosmétique au masculin, voici un aide-mémoire qui synthétise ce qu'il convient de faire à la salle de bains chaque jour pour un résultat au top.

Comme je sais que souvent les hommes ne veulent pas passer trop de temps dans la salle de bains, je vous ai mis le chrono ☺.

Mon mémo du matin pour le visage en 6 étapes et en 6 min top chrono !

1 Débarbouiller (8 secs)

Se passer de l'eau froide sur le visage, vaporiser de l'eau minérale et/ou frictionner la frimousse. Cela permet de réveiller les traits et de décongestionner (voir page 149). Le visage est déjà bien propre grâce au nettoyage approfondi de la veille (voir page 159 dans la routine visage du soir).

2 Raser (3 min)

On prépare la peau au rasage avec une serviette chaude qu'on tamponne sur le visage, suivi si besoin d'un gommage, et on rase à la lame ou au rasoir électrique en suivant quelques consignes. On peut aussi se tailler la barbe avec une tondeuse pour un look viril (voir page 150).

3 Tonifier (15 secs)

Qu'on se soit rasé ou non, on assainit la peau et on la rafraîchit avec un peu d'hydrolat (eau florale). Cela resserre les pores après le rasage, et ôte certaines impuretés de la nuit tout en tonifiant. On sèche à la serviette ou à la lingette.

4 Corriger (30 secs)

C'est une option, mais si on a des cernes ou des poches ou des boutons, c'est le moment de les atténuer avec un petit massage ou un soin ciblé. Idem pour les poils incarnés éventuels ou les sourcils à domestiquer pour ne pas ressembler à Néandertal.

5 Réparer/hydrater/protéger (1 min)

C'est essentiel ! On masse son visage avec 3 gouttes d'une crème non grasse ou d'une émulsion gel + huile. Ce soin est personnalisé. Avec le massage qui l'accompagne, ce soin est idéal pour nourrir l'épiderme, le réparer après le rasage, et permettre qu'il retienne mieux l'eau au fil de la journée. Les actifs choisis répondent aux besoins spécifiques de la peau (grasse, à problème, mature…).

6 Parfumer et coiffer (1 min ? Tout dépend de votre côté Don Juan ☺)

Un déo naturel pour prévenir les mauvaises odeurs, un parfum naturel (c'est rare mais ça existe) à vaporiser sur les cheveux ou les vêtements pour se faire plaisir. Et une coiffure simple mais tendance. Voilà, on est prêt pour entamer cette belle journée !

Rafraîchir

C'est tout bête, mais l'eau froide fait un effet fou sur la peau le matin ! Le froid contracte les vaisseaux sanguins, qui se relâchent ensuite, créant un afflux sanguin très salutaire dans la peau. Elle est oxygénée et tonifiée ! Se passer de l'eau froide sur le visage, ou vaporiser de l'eau minérale tout en se frictionnant la frimousse permet de réveiller les traits et de décongestionner.

ASTUCE ANTI-POCHE !

Si on a des poches gonflées, ou un visage bouffi, on peut même enfermer un glaçon dans un mouchoir en coton très doux, le laisser s'imprégner du froid, puis masser très délicatement le contour des yeux (l'os, pas les paupières) avec la pointe du glaçon, sans appuyer, en faisant des 8. Idem pour le bas du visage et les rides du sillon naso-génien. Attention, on s'arrête à la première rougeur !

Préparer au rasage

Votre poil sera mieux coupé et plus facile à raser s'il est bien relevé et légèrement humide. Il convient donc de le « gonfler » d'eau pour commencer. On peut le faire avec une serviette chaude « invité », avant chaque rasage, comme chez le barbier.

Gonfler le poil en 30 secondes !

- Mouillez une serviette d'eau très chaude. Assurez-vous qu'elle soit gorgée d'eau puis tordez-la légèrement pour l'essorer. Si vous le souhaitez, versez sur la serviette 3 gouttes d'huile essentielle de lavande vraie, de laurier noble ou de lavandin, pour augmenter son efficacité.

- Appliquez ensuite la serviette comme un masque sur la zone à raser. Appuyez fermement pour ressentir la chaleur sur la peau. Maintenez environ 15 secondes en appuyant plusieurs fois avec les paumes.

Soulever le poil ?

À faire si possible 2 à 3 fois par semaine maxi, ou avant chaque rasage, si le rasage est vraiment un calvaire chez vous (poils durs et drus) :

- Mélangez dans la main 1 cuillère à café de bicarbonate de soude alimentaire et 1 cuillère à café d'huile d'amande douce, d'olive ou d'argan.

- Massez la pâte obtenue pendant 1 minute environ sur la barbe naissante, tout en mouillant régulièrement les mains d'eau chaude.

- Rincez, en suivant les étapes décrites ci-dessus à « gonfler le poil ». Les petits grains doivent tous disparaître dans la serviette humide.

Se raser en douceur, au savon ou à l'huile

Si vous ne vous rasez pas, passez à la section suivante pour le soin du visage (voir page 154).

Si vous vous rasez, vous apprécierez un rasage net et doux à la fois. On peut le pratiquer à la lame, ou au rasoir électrique. Optez pour ce qui vous convient le mieux, en sachant que le rasoir électrique est moins précis, même si aujourd'hui les appareils sont très élaborés.

POUR UN RASAGE À LA LAME RÉUSSI, RESPECTEZ QUELQUES PRINCIPES SIMPLES !

- Utilisez une **lame bien propre et pas trop vieille**. Une lame neuve à chaque rasage est idéale mais on sait tous que les lames de rasoir du commerce (type rasoir jetable avec 1, 2 ou 3 barres de lames) peuvent servir au moins 2 ou 3 fois, surtout si elles sont de qualité supérieure.

- **Rasez bien dans le sens du poil**, même si c'est moins précis. Raser à contre-poil occasionne poils incarnés et boutons. Mieux vaut passer 2 fois dans le sens du poil, que 1 seule fois à contre sens.

- **Utilisez une huile ou un savon à barbe** pour faciliter la glisse du rasoir. Les mousses à raser du commerce ne seront pas plus efficaces et elles contiennent hélas tout ce qu'on n'aime pas en Slow Cosmétique : alcools gras dérivés de la pétrochimie, parfum synthétique, conservateurs polémiques...

Se raser avec de l'huile ?

Oui, c'est un geste typiquement Slow Cosmétique. Certaines huiles sont émollientes et protectrices à la fois, c'est ce qu'on attend d'un produit pour le rasage. En outre, l'huile est transparente contrairement à la mousse. Cela permet de bien voir ce qu'on fait. On peut se raser à l'huile d'olive, d'amande douce ou d'argan, mais un mélange ciblé avec un peu d'huile de ricin (très émolliente) est l'idéal…

RECETTE

Mon huile de rasage

Pour 50 ml environ

Dans un flacon en verre ambré ou bleuté de 50 ml au moins, versez successivement avant de mélanger :

- **1 cuillère à soupe moderne d'huile de ricin (cette huile est très grasse et collante, elle sert ici d'émollient pour le poil et d'isolant pour la peau à raser)**
- **4 cuillères à soupe modernes d'huile d'amande douce bio, ou d'argan ou à défaut d'olive**
- **En option (pour le plaisir) : 10 gouttes d'huile essentielle au choix parmi la lavande vraie, le laurier noble, le tea tree ou le petitgrain bigarade**

▸ Fermez le flacon, puis mélangez en agitant doucement.

▸ Utilisez en prélevant quelques gouttes dans la paume, et massez ensuite la zone à raser. Soyez généreux pour qu'une fine couche d'huile luise sur la peau poilue.

▸ Rasez alors les poils dans le sens du poil, en plusieurs passages.

▸ Cette huile se conserve très bien à l'abri de la lumière, de l'air et des grosses chaleurs pendant 12 mois environ, si vos huiles ne sont pas rancies.

Recette testée et approuvée

Marie du blog *MamanYoupie*

« *Une serviette mouillée d'eau chaude pour ouvrir les pores, cette huile de rasage posée pendant un petit moment, et son huile de jojoba classique après le rasage et paf ! Ça fait un homme heureux et bien rasé !* »

Je préfère la mousse !

Alors, optez pour un savon à froid convenant à la barbe ! Vous trouverez sans trop de difficulté des savons à froid surgras présentés dans des boîtes rondes. Il y en a beaucoup sur slow-cosmetique.com auprès des fabricants lauréats de la Mention Slow Cosmétique. Ces produits ont une formule saine et un marketing raisonnable, et sont pratiques car la boîte ronde permet de travailler le dessus du savon au blaireau. On utilise le savon à froid pour se raser comme suit :

1. Mouillez un blaireau d'eau chaude.
2. Passez le blaireau énergiquement sur le savon dans sa boîte ronde ou dans la main, pour faire mousser.
3. Travaillez le blaireau savonneux sur la peau à raser, pour créer plus de mousse encore. Recommencez jusqu'à couvrir la barbe d'une mousse dense.

SAVON À FROID SLOW COSMÉTIQUE MOINS DE MOUSSE POUR PLUS DE DOUCEUR !

Vous n'obtiendrez jamais une mousse aussi dense et crémeuse qu'avec une mousse à raser classique, c'est normal car il n'y a pas de tensio-actifs industriels dans les savons à froid ! Cependant, sa mousse « naturelle » est suffisamment riche pour le rasage, et bien plus riche en glycérine végétale, douce pour la peau. C'est une question d'habitude.

Tonifier, corriger et hydrater pour protéger

Si vous suivez la routine Slow Cosmétique du matin (voir en pages 148-149), vous allez maintenant tonifier le visage, puis corriger certaines imperfections avant d'hydrater la peau pour la réparer et la protéger tout au long de la journée. Pas de panique, c'est facile et amusant !

Tonifier le visage ?

Cela sert à resserrer les pores après le rasage ou après s'être gommé ou débarbouillé. C'est aussi crucial pour réacidifier le pH de la peau après l'usage d'un savon par exemple. On pratique ce geste tous les jours en Slow Cosmétique, avec un hydrolat (l'eau florale qui a servi à distiller une huile essentielle). On imbibe d'hydrolat une lingette lavable en tissu écologique ou bien un coton jetable, puis on le passe en tapotant sur tout le visage. On ne rince pas, mais on peut sécher en tamponnant à la serviette ou avec une lingette sèche. Tout hydrolat a un pH idéal et déjà une légère action cosmétique. Voici un petit tableau pour choisir votre hydrolat :

JE CHOISIS MON HYDROLAT DE MÂLE

L'état de ma peau…	Mon hydrolat…
Je viens de me raser et ma peau est toute rouge et sensible	Camomille allemande (*matricaria recutita*), ciste (*cistus ladaniferus*), bleuet (*centaurea cyanus*)
Je viens de me raser ou pas. Tout va bien, mais je veux un coup de frais car ma peau est un peu atone	Menthe poivrée (*mentha piperita*), laurier noble (*laurus nobilis*)
Je ne me rase pas. Je veux juste tonifier ma peau pour qu'elle soit plus belle et ferme, moins sensible aussi	Immortelle (*helichrysum italicum*), ciste (*cistus ladaniferus*), fleur d'oranger (*citrus aurantium amara flower*), lavandes (*lavandula XX…*), camomille noble (chamaemelum nobile)
Je viens de me raser ou pas. J'ai la peau grasse et luisante en journée et je veux éviter cela, ainsi que prévenir les boutons	Romarin à verbénone (*rosmarinus officinalis CT verb.*), sauge sclarée (*salvia sclarea*)

CRÉEZ VOTRE HYDROLAT !

Pour varier les plaisirs, sachez que vous pouvez vous concocter votre propre mélange d'hydrolats. Ils se mélangent tous très bien entre eux. Choisissez toujours un véritable hydrolat, de qualité : le premier nom dans la liste d'ingrédient doit être le nom latin de la plante ☺.

Je veux corriger des imperfections !

Un bouton ? Une coupure ? C'est le moment de réparer tout ça !

La peau est bien propre, rasée et tonifiée : il est possible à présent d'appliquer un soin ciblé si le besoin s'en fait sentir, avant d'appliquer le soin de jour hydratant et protecteur.

Bouton isolé, rouge ou blanc, de tout type

Appliquez 1 goutte d'huile essentielle de tea tree ou de lavande vraie (au choix) sur le bouton avec le doigt. Tapotez pour faire pénétrer. Vous répéterez ce geste si possible 6 fois dans la journée pour résorber le bouton.

Boutons d'acné diffus

Appliquez les conseils donnés page 62 à « Boutons diffus de type acné ». Le soin décrit remplace votre soin hydratant et protecteur du matin.

Cernes et pattes d'oie

Clignez plusieurs fois des yeux sans froncer. Cela relance la circulation. Tapotez ensuite 1 goutte de soin contour des yeux bio et lauréat de la Mention Slow Cosmétique si possible. 1 goutte suffit pour les deux yeux. Massez de l'extérieur vers l'intérieur en tapotant délicatement, puis revenez vers l'extérieur en lissant sans appuyer. À faire 1 fois par jour.

Cicatrice au visage

Une vieille cicatrice marron sur le visage ? Mélangez entre le pouce et l'index 1 goutte d'huile essentielle d'immortelle et 1 goutte d'huile végétale de calophylle. Appliquez ensuite au doigt sur la petite cicatrice et faites bien pénétrer. L'effet ne sera visible qu'après environ 2 mois de traitement quotidien.

Couperose

Mélangez sur les doigts 1 goutte d'huile essentielle d'immortelle ou de ciste (*cistus ladaniferus*), au choix, avec 3 gouttes d'huile de calophylle. Massez les zones rouges avec ce soin avant d'appliquer votre soin hydratant et protecteur. Ce soin renforce les capillaires sanguins et « isole » la peau pour éviter les chauds-froids.

Coupure

Appuyez d'abord un petit morceau de papier (type mouchoir en papier) sur la coupure pendant 10 secondes, puis appliquez au doigt 1 goutte d'huile essentielle de ciste (*cistus ladaniferus*) ou de géranium rosat (*pelargonium graveolens*). Cette huile essentielle est hémostatique (le sang s'arrête) et cicatrisante.

Poil incarné

Tentez de retirer le poil incarné avec une pince à épiler, puis appliquez les conseils donnés page 174 à « poils incarnés ».

Ride marquée

Aucun cosmétique ne peut faire disparaître une ride. Toutefois pour l'atténuer très légèrement, il faudra penser à pratiquer 2 à 3 fois par semaine un gommage au bicarbonate de soude (voyez en page 113 la recette du « Gommage Visage tout terrain »), et à masser quotidiennement la ride inesthétique lors de l'application de votre soin hydratant protecteur.

Sourcils broussailleux

Ne les rasez jamais à la tondeuse ! Utilisez un peigne pour dégager les poils qui dépassent, et passez ensuite un petit ciseau bien aiguisé sur le peigne pour couper les poils rebelles. Vous pouvez aussi épiler à la pince à épiler un poil blanc, ou un très gros poil.

Un conseil : si vous ne maîtrisez pas cet art, ne vous amusez pas à épiler tout le sourcil vous-même, car cela risque de changer très fortement votre regard et votre look !

J'applique mon soin hydratant !

La peau est rafraîchie, rasée, tonifiée et certaines imperfections sont traitées, voici le moment le plus important : réparer la peau tout en l'hydratant, et veiller à sa protection pour la journée. C'est ce que font un « après-rasage » digne de ce nom et une « crème de jour ». Nous allons réaliser un soin qui fait tout à la fois…

RECETTE

Mon soin visage 3 en 1

Pour 30 ml environ

Dans un flacon pompe en verre ou en plastique (récupéré ou neuf mais bien désinfecté) de 30 ml au moins, versez successivement à l'aide d'une seringue graduée pour mesurer :

- **24 ml de gel d'aloe vera de qualité Slow Cosmétique**
- **4 ml d'huile de nigelle, ou à défaut de noisette, d'olive ou de noyaux d'abricot**
- **1 pincée d'amidon de maïs en poudre fine**
- **3 gouttes d'huiles essentielles au choix parmi les huiles essentielles bien tolérées par la peau (voir tableau en fin d'ouvrage page 179). Peau sensible ? Privilégiez la lavande vraie, le petitgrain bigarade et/ou le ciste ladanifère. Peau grasse ? Privilégiez le romarin à verbénone, le lavandin, et/ou le tea tree**

▸ Fermez le flacon, puis agitez énergiquement. Votre soin doit devenir blanchâtre et laiteux, comme une crème.

▸ Utilisez ce soin chaque matin en appliquant dans les paumes l'équivalent d'une cacahuète. Chauffez entre les mains et massez le visage jusqu'à pénétration. Agitez avant chaque utilisation.

▸ Cette fausse émulsion est ultra-fraîche et non grasse. Elle régule les sécrétions sébacées et hydrate la peau tout en la protégeant des agressions.

▸ Le soin se conserve aussi longtemps que le gel d'aloe vera utilisé pour la recette, référez-vous à la date sur l'emballage du gel.

LA FLEMME DE FABRIQUER VOTRE PROPRE SOIN ?

Pas de panique, il existe une pléthore de soins lauréats de la Mention Slow Cosmétique, en magasins bio ou sur slow-cosmetique.com. Pour mieux (et moins) consommer, les hommes peuvent aussi utiliser des produits « unisexes » ou pour femmes, sous réserve qu'ils conviennent à leur type de peau (plutôt mixte ou grasse). Ce qui compte, c'est de privilégier des soins plus fluides, plus matifiants et capables de réguler le sébum. Si ces principes essentiels sont respectés, peu importe que le produit soit estampillé « *for men only* » ou non !

La routine visage du soir

Le soir, une fois rentré d'une fête, du boulot, ou d'une séance de jeu avec les enfants qu'il a fallu calmer ensuite, on aspire à une seule chose : aller se coucher !

Un petit détour par la salle de bains vaut cependant la peine. Promis, on s'accorde 10 minutes pas plus, mais cela peut rapporter gros car le teint sera frais et dispo demain matin !

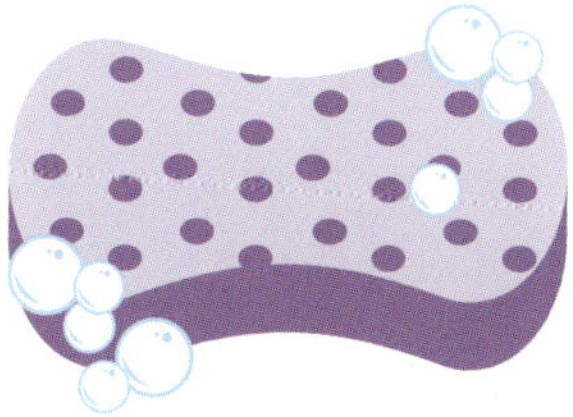

Mon mémo visage du soir en 3 étapes

1 Nettoyage approfondi

Le soir, la peau du visage est forcément souillée. La transpiration mêlée au sébum a attiré la poussière et les particules fines comme un aimant, sans parler des microbes qu'on avait dans les paumes qui prolifèrent à présent sur le menton et les joues.

Pour un homme, le nettoyage se fait à l'eau tiède et au savon à froid, ou au gel moussant sans savon, si on a de l'acné. On peut utiliser les doigts, mais aussi une brosse douce ou une éponge végétale ou konjac, si on veut être original et plus efficace encore.

② Tonifier

Quel qu'il soit, le nettoyage se termine par l'application au vaporisateur ou au coton d'un hydrolat (eau florale) adapté(e) aux besoins de la peau. C'est un geste souvent nouveau pour l'homme, mais c'est un moment idéal pour se relaxer, se purifier et surtout réguler le pH de la peau.

③ Hydrater/Nourrir/Traiter

À partir de 30 ans environ, on masse longuement son visage pour stimuler les muscles peauciers et la circulation. On utilise 3 petites gouttes d'huile de soin non grasse. Ce faisant, on traite un besoin précis de la peau grâce aux ingrédients actifs du produit utilisé.

Purifier et nettoyer en douceur

Certes, vous n'avez pas besoin de vous démaquiller comme une dame, sauf si vous utilisez du maquillage la journée pour des raisons perso. Mais quand même, la peau est salie par ses propres sécrétions et soumise à la pollution. Rien de tel que le savon à froid surgras ou un détergent doux pour soulever les impuretés et permettre leur rinçage ensuite.

Pratiquez comme suit, sauf si vous souffrez d'acné ou d'une maladie inflammatoire de la peau :

- Mouillez le visage à l'eau tiède avec les mains ;
- Saisissez dans vos paumes votre pain de savon à froid surgras (voir l'encart page 116 pour le choisir). Faites mousser ;
- Massez les mains laiteuses et mousseuses sur le visage, les yeux fermés comme si vous dormiez, sans froncer. Insistez sur les ailes du nez, et n'oubliez pas le cou ni les tempes ;
- Rincez à l'eau tiède. Beaucoup d'eau tiède. Le rinçage est important ;
- Tamponnez avec une serviette propre dédiée au visage pour sécher ;
- Passez ensuite votre hydrolat pour tonifier (voir le tableau page 178 pour le choisir).

VOUS AVEZ DES POINTS NOIRS ?

Dites-vous bien qu'aucun savon ni aucun cosmétique ne peuvent les déloger. Il vous faut alors, après le nettoyage, utiliser un « tire-comédon ». Ce petit instrument s'achète en pharmacie ou sur le net. Il ressemble à une toute petite cuillère trouée. On pose le trou sur le point noir, on pousse, et hop, le contenu cireux du comédon se répand dans la mini-cuillère. Renseignez-vous en pharmacie !

Vous souffrez d'acné ou d'une inflammation de la peau ? Alors seuls certains savons à froid très surgras peuvent convenir, et encore… ils ont tous un pH très basique qui n'est pas idéal si votre peau est malade. Privilégiez alors un gel moussant sans savon portant la Mention Slow Cosmétique (voyez sur slow-cosmetique.com) mais pratiquez selon le même rituel.

Masser pour nourrir et traiter

Ce matin, si vous avez suivi la routine Slow pour le visage, vous avez appliqué un soin hydratant et protecteur à la fois, qui ressemblait à une crème légère, à un lait ou à un fluide hydratant. Ce soir, vous allez opter pour une huile de beauté, et vous prendrez un tout petit peu plus de temps pour vous masser le visage.

Pourquoi une huile ?

Parce qu'elle ne contient pas d'eau contrairement à une crème ou un gel, ce qui la rend 100 % active si elle est de bonne qualité. Aussi parce qu'on n'a pas besoin de crème la nuit, puisqu'on sera à l'abri des stimuli extérieurs (vent, froid, UV). Alors on fait comme les pharaons : on se masse avec une huile précieuse qui pénètre bien la peau et la satine sans la graisser. Voyez la recette proposée ci-dessous.

Pourquoi masser ?

Parce que le massage du visage est aussi important que le soin. Il mobilise les dizaines de muscles du visage, et ce faisant, il les tonifie. Si le muscle est tonique, il est plus volumineux et « remplira » mieux le visage, tout en le gardant ferme face au temps qui passe.

RECETTE

Mon huile de beauté virile

Pour 30 ml environ

Dans un flacon en verre ambré ou bleuté de 30 ml au moins, versez successivement en vous aidant éventuellement d'un petit entonnoir :

- **3 gouttes d'huile essentielle de laurier noble (*laurus nobilis*), l'huile essentielle des gagnants ! Elle est à la fois purifiante et stimulante**
- **3 gouttes d'huile essentielle de pamplemousse sans furocoumarines (*citrus paradisii*), ou à défaut de petitgrain bigarade. L'essence de pamplemousse est anti-élastase (elle raffermit la peau). Mais il FAUT la trouver sans furocoumarines sinon elle est photosensibilisante (allez sur slow-cosmetique.com)**
- **1 grosse cuillère à soupe d'huile de nigelle**
- **3 cuillères à soupe d'huile de noisette, ou de noyaux d'abricot, ou à défaut de jojoba**

▸ Le soir, massez uniformément avec les paumes l'ensemble du visage. N'oubliez pas le cou. Massez pendant environ 2 minutes si possible, c'est très long... ! L'huile pénètre alors très bien et laisse la peau satinée et non grasse, déjà un peu raffermie.

▸ Ce soin se conserve 6 mois environ à l'abri de l'air de la lumière et de la chaleur.

Astuce : ce soin peut également vous servir le matin, sous votre soin hydratant de type crème, mais alors seulement si votre peau est sèche ou qu'il fait très froid ce jour-là.

En outre, le massage active la circulation sanguine et donne donc bon teint. Pour vous masser, utilisez toujours les paumes entières, et travaillez en caresses appuyées, de l'intérieur vers l'extérieur, puis du haut vers le bas. C'est facile mais voici quelques règles : on n'utilise jamais les ongles, on peut se pincer mais avec le bout des doigts et sans jamais se faire mal.

Soins du corps au quotidien pour Monsieur

Vous allez être ravi ! La routine Slow Cosmétique pour le corps utilise peu de produits et est toute simple !

Le matin, sous la douche, vous utiliserez un savon à froid surgras pour vous laver tout entier, et si vos cheveux sont courts et que vous avez opté pour un savon à froid enrichi à l'argile ou au rhassoul, vous pourrez même vous laver les cheveux avec !

Lisez la routine corps conseillée en pages 114-117, elle vous conviendra parfaitement ! La voici résumée et adaptée aux hommes pressés :

- **Avant la douche** : on se brosse à sec avec une brosse douce. À faire 2 ou 3 fois par semaine.

- **À la douche !** On choisit le bon savon à froid surgras à l'aide des conseils en page 117 « Quel savon à froid choisir ». Vous pouvez aussi de temps en temps vous laver à l'argile. Pour se faire, mouillez votre corps puis saupoudrez-vous d'argile blanche. Massez avec de l'eau pour la transformer en lait. Vous serez tout doux après cela, et tout propre aussi. C'est idéal si vous avez de l'eczéma ou de l'acné sur le dos.

- **Après la toilette**, il est souvent superflu pour un homme de se tartiner de lait pour le corps ou de baume nourrissant. Pourquoi ? La peau de l'homme secrète plus de sébum et est donc mieux protégée. Si cependant votre peau est sèche ou gratouille, mélangez dans vos paumes une cuillère à café de gel d'aloe vera de qualité Slow Cosmétique avec une cuillère à café d'huile d'argan ou de noisette. Massez-vous énergiquement, en insistant sur les zones sèches. Hop, le tour est joué !

Et le bain ?

Ce n'est pas très Slow, mais ça fait tant de bien. Un bain n'est pas l'idéal pour se laver, il est plutôt conseillé pour se relaxer. Pour un bain qui fait tout, remplissez un verre à limonade avec du vinaigre de cidre, et ajoutez-y 5 gouttes d'huile essentielle d'épinette noire, de laurier noble ou de lavande vraie si vous aimez ça. Ajoutez 1 cuillère à soupe de miel liquide et touillez. Versez ensuite dans l'eau chaude du bain. Plongez dans la baignoire à moitié remplie et frottez-vous à l'éponge. Ça ne mousse pas du tout mais ça assainit la peau et lutte contre les gratouilles, tout en relaxant tout votre corps.

Rincez-vous ensuite et séchez soigneusement le corps. Votre séance de spa à la maison se termine bien !

SOS Mains et Ongles

De belles mains sont essentielles dans le capital séduction d'un homme ! Pensez à vous hydrater les mains aussi souvent que possible, et surtout après le lavage au savon. Vous pouvez par exemple masser 2 petites gouttes d'huile d'argan ou de jojoba après le séchage, c'est idéal. Si vous n'aimez pas vous masser les mains ou que vous manquez de temps, utilisez votre crème de jour (voir la recette « Soin visage 3 en 1 » en page 158) comme crème pour les mains et appliquez-la le matin avant de débuter la journée, et le soir aussi au coucher.

Pour vos ongles, soyez doux, mais intraitable ! Limez régulièrement les ongles pour ne laisser qu'un fin bord blanc apparent. Pour le blanchir et nettoyer le dessous de l'ongle, passez délicatement la pointe d'un cure-dent en bois trempée dans du jus de citron sous le rebord de l'ongle. N'appuyez pas mais passez plusieurs fois pour bien blanchir le bord libre et assainir.

Le jus de citron sera aussi votre ami si vos doigts sont jaunis : il suffit de frotter un demi-citron sur la zone à éclaircir pendant quelques minutes, et de laisser agir ensuite pendant environ 30 minutes. Rincez à l'eau claire avant de réhydrater avec un peu de crème (n'importe laquelle, corps ou visage, mais non grasse). Après quelques séances (vous pouvez le faire devant la télé), la peau des doigts retrouve son éclat naturel.

SOS Transpiration

Si vous voulez un déodorant efficace mais doux, et surtout sans ingrédients polémiques pour votre santé comme l'aluminium ou les perturbateurs endocriniens, relisez les conseils du tableau page 120 et la recette de déodorant douceur en page 121.

Vous transpirez beaucoup ? Optez pour la friction de bicarbonate sur les aisselles après la douche du matin, et éventuellement sur les pieds et les mains. N'oubliez surtout pas d'épousseter avec un gant de toilette sec après la friction, pour ne pas laisser les grains vous irriter.

Certains hommes optent aussi pour le geste suivant : on frotte 1 goutte d'huile essentielle de laurier noble ou de palmarosa sur chaque aisselle avec les doigts. Cette astuce est efficace si vous transpirez normalement et si votre peau n'est pas trop réactive. Mais au long terme elle peut s'avérer irritante. Le mieux est d'alterner : la goutte d'huile essentielle, la friction au bicarbonate, et un déodorant maison ou lauréat de la Mention Slow Cosmétique (allez voir sur slow-cosmetique.com il y en a beaucoup).

SOS bourrelets

Vous n'aimez plus vos poignées d'amour ? Et votre brioche non plus ? Vous serez peut-être déçu, mais aucun cosmétique n'est capable de vous faire maigrir… Par contre, on peut lisser efficacement et donner plus de rebondi à une peau détendue. Comment ? Il va falloir s'atteler à une routine contraignante mais efficace :

1. Pensez à faire vos exercices (abdos ou autres) chaque jour. Mangez léger et équilibré, et bougez beaucoup !

2. Après la douche (ou le sport et la douche ☺, appliquez sur la peau une cuillère à café de l'huile minceur anti-capitons décrite en page 132. Chauffez bien dans les mains et faites pénétrer (sur le ventre, les hanches…).

3. Pincez sans vous faire mal la zone huilée. Il faut faire pénétrer le produit mais aussi tonifier (et donc très légèrement faire rougir) la zone massée. Il existe des ventouses de massage pour vous aider si sous n'y arrivez pas sur slow-cosmetique.com par exemple. Elles imitent le fameux « palper-rouler ».

4. Recommencez le lendemain ☺.

Cette routine donne des effets lissants et raffermissants sur la peau après 15 jours, mais il faut la prolonger si possible un bon mois pour stabiliser l'état raffermi et plus souple de la peau.

Des cheveux forts en mode Slow

Les femmes sont folles de leurs cheveux, et elles les chouchoutent ! Peut-être les hommes devraient-ils s'en inspirer un peu pour garder des cheveux vigoureux plus longtemps. Voici quelques astuces Slow à piquer à nos copines pour avoir de beaux cheveux, même courts !

1 Massez-vous à l'huile de nigelle !

Pour renforcer vos cheveux, qu'ils soient trop secs ou trop gras, voici ce qu'il vous faut : 1 à 2 cuillères à soupe d'huile de nigelle. Avant votre shampoing, versez l'huile dans le creux des mains, puis chauffez-la dans les paumes et les doigts. Massez la tête. Massez la peau du cuir chevelu délicatement, en soulevant la peau et en la faisant bouger, cela permettra de bien oxygéner les cheveux à la racine. Griffez ensuite les cheveux à l'huile pour les enduire. Peignez et patientez si possible 1 heure en faisant autre chose. Vous passerez alors au shampoing pour tout rincer. Ce traitement est radical pour des cheveux plus doux, plus forts, et surtout sans pellicules !

2 Trouvez un shampoing sans poison et customisez-le !

Choisissez un bon shampoing sans sodium laureth ou lauryl sulfate, sans parfum, sans parabens et sans EDTA ou phénoxyéthanol (on en trouve sur slow-cosmetique.com). Pour qu'il soit plus efficace, tonifiant, et qu'il vous ressemble vraiment, n'hésitez pas à l'aromatiser avec 2 gouttes d'huile essentielle de romarin officinal pour chaque dose de shampoing. Pour varier un peu, n'oubliez pas que si vos cheveux sont courts vous pouvez les laver avec un bon savon à froid surgras pour autant qu'il contienne une part intéressante d'argile ou de rhassoul. Cela mousse moins qu'un shampoing mais cela reste très efficace et est très écologique. Profitez-en car les femmes avec leurs longs cheveux ne peuvent pas vraiment utiliser ce produit avec succès, alors que vous pourrez vous laver avec le même produit le corps tout entier, la frimousse de temps et en temps et… les cheveux !

3 Ne lavez pas trop souvent vos cheveux

À moins d'avoir un shampoing vraiment très doux et Slow à la maison, limitez-vous à 3 shampoings grand max par semaine, car le lavage fragilise les cheveux. Les autres jours, rincez-les si vous y tenez à l'eau courante en les massant, et n'oubliez pas de bien les brosser une fois secs. Ils regraisseront moins vite.

SOS chute de cheveux

La calvitie vous guette ? Consultez quand même un médecin pour être certain que la chute de vos cheveux soit bel et bien liée à cela et pas à un autre facteur plus pernicieux.

Aucun cosmétique ni traitement naturel ne peut faire « repousser » vos cheveux, mais on peut ralentir la chute et le délai en appliquant quelques conseils simples.

Voici une proposition de traitement complet pour que chaque shampoing devienne une séance de soin et que vous puissiez faire votre huile antichute vous-même.

4 J'aromatise mon shampoing avec des huiles essentielles

À chaque shampoing – que vous aurez choisi Slow et non agressif (lisez plus haut) - ajoutez à votre dose de shampoing neutre 1 à 2 gouttes d'huile essentielle de lavande vraie et 1 à 2 gouttes d'huile essentielle de Bay Saint Thomas (*pimenta racemosa*) ou de romarin officinal à cinéole, au choix.

La lavande régule l'action du sébum et apaise le cuir chevelu. Elle s'est aussi révélée efficace dans certaines études scientifiques contre la pelade. L'huile essentielle de Bay est plus rare mais est réputée pour stimuler la microcirculation sanguine et irriguer le bulbe du cheveu en sang et en nutriments, tout comme le romarin cité.

RECETTE

Mon huile anti-chute de cheveux

Pour 50 ml

Mélangez dans un flacon en verre (ou en plastique) ambré, bleuté, ou en alu :

- **4 cuillères à soupe d'huile de nigelle**
- **1 cuillère à soupe d'huile de ricin (un peu épaisse mais réputée favoriser la repousse), ou à défaut de germe de blé**
- **10 gouttes d'huile essentielle de Bay Saint Thomas (Pimenta racemosa) ou à défaut de romarin officinal à cinéole ou d'ylang-ylang, au choix**
- **15 gouttes d'huile essentielle de lavande vraie**

▸ Utilisez seulement la quantité suffisante d'huile pour masser votre cuir chevelu plusieurs minutes et laissez bien poser au moins 30 minutes avant de rincer au shampoing (le shampoing peut lui-même être aromatisé comme décrit ci-dessus).

▸ L'huile se conserve 1 an à l'abri de l'air, de la chaleur et de la lumière.

5 Je masse mon cuir chevelu

Le massage du cuir chevelu est tout à fait indiqué à titre préventif, car il stimule la microcirculation sanguine et assouplit le cuir chevelu, ce qui va ralentir la perte de cheveux.

À chaque shampoing, massez le cuir chevelu en utilisant la pulpe des doigts dans des mouvements circulaires de façon à mobiliser la peau du cuir chevelu et à la rendre mobile et souple (on doit pouvoir « soulever » la peau du crâne). La souplesse de la peau du crâne est cruciale : un cuir chevelu rigide et « collé » au crâne est le signe que la dihydrotestostérone – responsable de la calvitie - est active, donc assouplissez tout ça !

6 Je me fabrique une huile antichute

Pour compléter les massages effectués à chaque shampoing, vous pouvez masser votre cuir chevelu 1 à 3 fois par semaine avec une huile aromatisée que vous laisserez poser au moins 40 minutes.

RECETTE

Mon soin pour la barbe

pour 50 ml environ d'huile de soin

Dans un flacon de 50 ml au moins, en verre ambré ou bleuté, versez successivement :

- **4 cuillères à soupe modernes (10 ml) d'huile de jojoba, ou, à défaut, d'huile d'argan, de macadamia ou de calendula**
- **1 cuillère à soupe moderne d'huile de ricin, ou à défaut, d'huile de germe de blé**
- **10 gouttes d'huile essentielle d'épinette noire (picea mariana) ou à défaut, de laurier noble (laurus nobilis)**
- **5 gouttes d'huile essentielle de lavande vraie (en option)**

▸ Fermez le flacon et agitez doucement. Utilisez dès le lendemain à raison de 3 à 6 gouttes chauffées dans les mains. On applique une huile à barbe sur une barbe bien propre et sèche, après la toilette.

▸ On prélève 3 à 6 gouttes d'huile en fonction de la longueur de la barbe dans le creux des mains. Il suffit alors de chauffer l'huile entre les doigts et de masser la peau sous la barbe, puis la barbe elle-même, des racines aux pointes.

▸ On fait bien bouger la peau pour la stimuler. On masse la barbe dans tous les sens mais attention à ne pas se faire mal. On utilisera ensuite un peigne pour la domestiquer à nouveau, la démêler. On peut aussi utiliser une serviette en coton ou en papier si besoin pour éponger le surplus.

▸ Ce soin se conserve 6 mois à l'abri de l'air, de la lumière et de la chaleur.

SOS Pellicules

Grasses ou sèches, les pellicules nous gâchent la vie ! Inesthétiques et souvent associées à un cuir chevelu irrité, elles ne résisteront heureusement pas à un **bain capillaire** pratiqué 1 fois par semaine avec de l'huile de **nigelle**.

Répartissez uniformément sur le cuir chevelu l'équivalent de 1 à 2 cuillères à soupe d'huile et massez soigneusement. Enveloppez alors votre tête dans une serviette tiède pendant au minimum 1 heure, et même une nuit si vous le souhaitez, avant de rincer avec un shampoing doux. Pratiquez ce « bain » 1 fois par semaine jusqu'à disparition complète des pellicules.

Mes poils et moi

Vous avez décidé de porter la barbe ? C'est tendance ! Vous avez envie de vous épiler ? Certain(e)s ne peuvent plus s'en passer. Quoi que vous fassiez avec ou sans vos poils, la Slow Cosmétique a beaucoup à vous apporter !

La barbe !

Porter la barbe est devenu très tendance, en quelques années seulement. Quel que soit votre style de vie, votre âge et votre type de peau, la barbe peut être adoptée mais il faut en connaître les avantages et les inconvénients…

Ses avantages

- Votre barbe **protège** votre peau à la fois du froid et du vent, mais aussi de l'agression répétée du rasage
- Le fait de ne plus devoir se raser le visage **fait gagner du temps**, et quelques petites coupures au passage ☺.
- La barbe bien entretenue et bien portée **donne un look sexy** et viril qui est tendance

Ses inconvénients

- Une barbe **peut s'avérer irritante** pour les autres si elle est naissante, et irritante pour vous une fois qu'elle atteint une longueur intermédiaire. Une barbe longue est moins irritante pour tout le monde, si elle est soignée.
- Une barbe fournie est parfois le siège de petits soucis de peau qui **démangent**, en dessous des poils. Ils sont difficiles à régler puisque la peau n'est plus vraiment directement accessible.
- Une barbe **peut être mal portée** si elle n'est pas adaptée à la forme de votre visage. Renseignez-vous auprès d'un barbier ou d'un coiffeur pour adopter le bon style et la bonne longueur de barbe.
- Une barbe **doit s'entretenir** un minimum : lavage régulier et soin sont de mise… Lisez la recette page 170.

Utiliser **3** à **6** gouttes d'huile pour la barbe tous les jours, cela sert à plusieurs choses :

- Cela « dompte » les poils de la barbe, en les rendant plus doux et soyeux et donc plus faciles à vivre ou à styler
- Cela hydrate et protège la peau sous les poils, tout en réduisant les éventuelles démangeaisons ou tiraillements.

SOS épilation, poils incarnés, feu du rasoir et cicatrices

Vous avez décidé de vous épiler ? Pourquoi pas… Cela fragilise la peau mais vous avez sûrement une bonne raison de le faire. Sachez cependant qu'il convient de respecter quelques règles de bon sens pour que tout se passe bien…

Lisez cette partie du livre avec votre dulcinée, car tous les conseils épilation donnés ici la concerne aussi.

Techniques d'épilation

Il existe plusieurs techniques d'épilation, elles ont chacune leurs avantages et inconvénients. Choisissez en fonction de votre cas.

Technique choisie	Avantages	Inconvénients
Rasage à la lame	- Facile, ne nécessite qu'une lame bien propre et affûtée, et un peu de dextérité. - Bon marché, par rapport aux autres techniques. - Pas trop irritant si réalisé sur une peau protégée par de l'huile d'amande douce et/ou de la mousse de savon à froid. - Écologique.	- Il y a toujours un risque de coupure. - Ne convient pas pour les zones étendues (jambes, dos), mais peut dépanner (aisselles, intimité, épaules…). - Coupe le poil sans le déraciner. Il revient plus vite et poussera plus « dru » car il est coupé droit.

Technique choisie	Avantages	Inconvénients
Épilation à la cire chaude avec bandes de papier ou tissu	- Très efficace : le poil est déraciné et repoussera plus fin, et de plus en plus lentement. - Convient très bien pour les zones planes telles que le dos, les jambes, le torse.	- Mieux vaut être deux car on retire difficilement soi-même la bande de papier collée à la cire. - Nécessite une grande dextérité. - Irrite la peau lors de l'arrachage de la bande, et nécessite donc un soin après. - Pas écologique, les cires sont truffées d'ingrédients synthétiques et la bande ne se recycle pas.
Épilation à la cire chaude pelliculable, sans bande	- Très efficace : le poil est déraciné et repoussera plus fin, et de plus en plus lentement. - Convient très bien pour les zones de tout type, et notamment les plus difficiles d'accès (intimité, plis fessiers, aisselles…). - Naturel et écologique, pour autant qu'on utilise une cire orientale au sucre et citron. Voyez la recette en page 140.	- Nécessite un produit de qualité qui s'étale facilement tiède, et se solidifie ensuite vite pour l'arrachage du poil. - Il est obligatoire de faire appel à quelqu'un d'expérimenté car la technique nécessite du doigté. - Irrite la peau si la cire est trop chaude ou mal arrachée. - Pas écologique si on a recours à une cire synthétique « plastique » comme celles du commerce ou des instituts.
Lumière pulsée/ Laser	- Ne nécessite aucun produit cosmétique particulier avant la séance. - Efficace sur un poil foncé et une peau claire. - Raisonnablement douloureux, en général sans douleur pour la plupart des zones à traiter. - Très écologique.	- Très onéreux. - Résultats aléatoires en fonction de la qualité de l'appareil, de la qualité du praticien et du type de poil. Si vous êtes blond, roux ou châtain clair, oubliez ! - Fastidieux car nécessite plusieurs séances, couplées à un rasage des zones à traiter avant.

Vous avez choisi votre technique d'épilation ? Relaxez-vous et préparez-vous à l'épilation… Relisez les conseils détaillés page 139 pour préparer la peau si vous utilisez la cire. Découvrez aussi ce qu'il convient d'appliquer après l'épilation pour réparer, apaiser et ralentir la repousse.

Poils incarnés, cicatrices

La peau des hommes est épaisse et kératinise parfois plus vite. Résultat : après une épilation ou un rasage, on souffre de poils incarnés. Ils peuvent donner lieu à des boutons très douloureux, qu'on aura envie de gratter. Dans bien des cas, ils laisseront des cicatrices.

L'acné du dos et du visage peut aussi laisser des cicatrices, qui ressemblent tantôt à des « trous » dans la peau, tantôt à des traces brunâtres.

Pour les femmes à peau grasse, l'acné a les mêmes effets, et l'épilation répétée aussi. La solution ? Une exfoliation régulière suivie par l'application d'une huile de soin un peu particulière. Explications…

▶ **Poils incarnés :** commencez toujours par tenter de déloger le poil avec une pince à épiler mais surtout sans vous blesser. Si le poil n'est pas accessible, n'insistez pas. Optez alors pour une exfoliation localisée.

Mélangez pour cela 1 petite dose de bicarbonate de soude à 1 petite dose d'huile d'olive, à parts égales. Travaillez la pâte obtenue sur le bouton sans appuyer mais en massant régulièrement, pendant 2 minutes environ. Rincez à l'eau ou, mieux, à l'eau citronnée. Appliquez ensuite 1 goutte de l'huile post-épilation présentée en page 141. Répétez plusieurs jours de suite, jusqu'à ce que le poil sorte de lui-même.

▶ **Feu du rasoir :** vous avez le cou tout entier couvert de boutons douloureux à cause de poils mal coupés qui s'infectent ? Prenez patience et tentez la routine suivante…

Chaque soir, mélangez une cuillère de yaourt entier et nature à une cuillère de jus de citron. Massez la préparation sur la zone rouge et douloureuse et patientez 20 minutes. Cela picote, c'est normal. Rincez abondamment, puis massez quelques gouttes d'huile végétale de millepertuis chauffées dans les paumes. Le matin, ne vous rasez pas. Répétez plusieurs jours d'affilée, vous devriez voir l'inflammation se résorber vite et bien, et quelques poils sortir d'eux-mêmes, que vous pourrez couper délicatement ou ôter à la pince à épiler.

Cicatrices « trous dans la peau » : il vous faut exfolier très régulièrement, avant de nourrir pour redensifier la peau. Mélangez pour cela 1 dose de bicarbonate de soude alimentaire à 1 dose d'huile d'olive, à parts égales. Massez la pâte sur la zone irrégulière, sans appuyer mais en caressant régulièrement la peau pour faire travailler les grains fins pendant 2 minutes au moins. Rincez. Appliquez ensuite 1 à 2 gouttes d'huile végétale d'églantier (rosa canina) sur la zone à « lisser ». Répétez chaque jour jusqu'à ce que la peau apparaisse plus lisse. Attention, il sera impossible de récupérer une peau tout à fait lisse.

Cicatrices « brunâtres » : suivez pas à pas la routine proposée pour lutter contre les taches en page 137. Exfoliez localement seulement (le citron, seulement sur les cicatrices) et traitez localement ensuite (le sérum anti-tache, seulement sur la cicatrice brunâtre).

La Slow Cosmétique pour papa et maman

La Slow Cosmétique n'oublie pas non plus les couples amoureux qui aiment les produits vraiment naturels pour accompagner leurs moments de complicité et leurs jeux coquins. Voici quelques conseils et recettes bien pour vivre ces instants complices sans (se) polluer ☺

Massage sensuel

Il y a mille et une raisons de s'offrir un massage câlin quand on est en couple. En hiver, quand il fait froid ou que Saint Valentin n'est pas loin, quoi de plus sympathique qu'un bon massage sensuel et réchauffant ? De nombreuses huiles de massage sont disponibles à cet effet, mais elles sont souvent formulées à base de silicones pour assurer une bonne « glisse ». Pourquoi dès lors ne pas se fabriquer à deux une huile de massage 100 % naturelle, douce pour la peau et délicieusement aphrodisiaque ?

Liste de courses :

Le matériel nécessaire à la confection de votre huile de massage est tout simple :

- Un bécher gradué de 50 ml au moins, pour mesurer les quantités en millilitres.
- Un flacon en verre ambré ou bleuté hermétique de 30 ou 50 ml afin de conserver l'huile réalisée.
- **Pour l'huile de massage de base :** une ou deux huiles végétales comestibles, non comédogènes et non allergisantes parmi les suivantes : noisette, argan, noyaux d'abricot ou colza.
- **Pour la synergie aromatique :** quelques gouttes d'huiles essentielles (en fonction de la recette, voir plus bas).

Prenez votre temps pour préparer cette huile. Voyez cela comme une recette ludique à faire en duo. Pensez à ne pas utiliser les huiles essentielles en présence des enfants, surtout si vous formulez une huile que vous souhaiterez utiliser immédiatement avec votre partenaire ☺

L'avantage de cette huile de massage maison ? Elle peut être massée sur tout le corps afin de le réchauffer et d'éveiller les sens. Les muqueuses ne seront pas irritées car le mélange est très peu aromatisé. En outre, si vous êtes d'une humeur coquine, sachez que cette huile de massage est comestible ! Eh oui…

Des lubrifiants Slow

La Slow Cosmétique invite aussi les amoureux(ses) à découvrir les alternatives naturelles aux produits industriels qui sont censés augmenter le plaisir ou le confort intime. Vous allez très vite comprendre pourquoi, et vous apprécierez !

La vérité sur les lubrifiants du commerce

Les lubrifiants ont le vent en poupe. Ils sont aujourd'hui nombreux dans les rayons et se présentent à nous bien souvent dans un emballage coloré et ludique (D*REX, M*NIX,...), ou bien rassurant et pharmaceutique (K*Y, HYDR*LIN, SAFOR*LLE,...). Pourtant, leur formule

RECETTE

Mon (notre) huile de massage sensuelle

Pour 30 ml environ

- Versez dans un bécher 30 ml d'huile(s) végétale(s) (une ou deux parmi celles achetées ensemble ou que vous avez déjà dans votre placard).
- Ajoutez 8 gouttes d'huiles essentielles selon vos envies du moment :
    - **Pour une huile de massage aphrodisiaque et tonique : optez pour 5 gouttes d'huile essentielle d'Ylang-ylang (cananga odorata) et 3 gouttes d'huile essentielle de poivre noir (piper nigrum)**
    - **Pour un massage tendresse : optez pour 5 gouttes d'huile essentielle de néroli (ou fleur d'oranger – citrus aurantium) et 3 gouttes d'huile essentielle d'orange douce (citrus sinensis)**
- Mélangez la préparation avec une fourchette en métal bien propre.
- Versez la préparation dans le flacon en verre, puis fermez et agitez pour à nouveau bien mélanger.
- Conservez l'huile à l'abri de l'air et de la lumière. Elle devra être consommée dans les 12 mois, voire moins (référez-vous à la date de conservation des huiles végétales utilisées, mentionnée sur leur flacon).

n'est pas toute rose ! L'effet lubrifiant est obtenu la plupart du temps grâce à des silicones ou des polymères, auxquels on peut reprocher pour certains un possible effet de perturbateur endocrinien, sans parler de l'impact de la formule sur l'environnement. Par ailleurs, comme les formules sont à base d'eau, il faut des conservateurs dans le produit. Les marques optent-elles pour des conservateurs dénués de tout risque pour la santé endocrinienne ? On ne le sait pas ! Pourquoi ? Tout simplement parce que la règlementation cosmétique ne s'applique pas aux gels lubrifiants qui ne doivent donc pas afficher leur liste d'ingrédients INCI sur l'emballage comme les autres cosmétiques.

Les lubrifiants naturels

Les consommateurs sont de plus en plus concernés par la composition de leurs produits cosmétiques. La Slow Cosmétique a joué un rôle important dans la sensibilisation du public à la chose. Oui mais voilà, pour les lubrifiants qui sont pourtant un produit qu'on applique sur l'intimité, on n'a pas accès aux ingrédients. On peut donc que douter. Une solution est d'adopter un lubrifiant naturel ou bio. Ou, encore mieux, de le faire soi-même !

Avant de choisir, il faut se poser la question de savoir ce qu'on attend de son lubrifiant. Si on recherche une bonne glisse et un bon confort pendant un rapport sexuel sans préservatif, le choix du produit ne sera pas le même que pour un rapport avec préservatif. De même, si on veut lutter contre la sècheresse vaginale chronique, un produit maison adapté existe mais d'autres adjuvants entreront en ligne de compte.

Voici des alternatives qui conviennent à plusieurs cas de figure…

Lubrifiant naturel à base d'eau

Vous utilisez les préservatifs ? Pour se rapprocher le plus possible des lubrifiants à base d'eau du commerce, compatibles avec les préservatifs, il faut une recette à base d'eau non irritante, douce, sans corps gras, et qui se conserve bien.

Lubrifiants naturels à base d'huile

Ils ne sont pas compatibles avec les préservatifs, mais ils sont faciles à utiliser et très efficaces tout en étant vraiment agréables ! L'huile vierge et bio de noix de coco, seule, peut s'utiliser en tant que lubrifiant à toutes les sauces. Elle est comestible et sent délicieusement bon la coco ! Elle peut se masser sur la vulve, les lèvres ou sur le pénis, et reste fluide et glissante très longtemps. Certains lui reconnaissent même des propriétés antifongiques grâce à sa part d'acide laurique. L'huile de jojoba peut la remplacer aussi, mais elle n'est pas comestible (cela dit, si très peu de produit est avalé, il n'y a aucun risque). Sa glisse est légèrement inférieure.

COMMENT SE LUBRIFIER À L'HUILE DE NOIX DE COCO ?

1) On en prélève une noisette avec ses doigts propres.
2) On fait fondre entre ses mains.
3) On se badigeonne la zone sexuelle de partout, et au besoin on peut en remettre ☺

RECETTE

Mon lubrifiant naturel à base d'eau

Pour 100 ml de produit environ

Le matériel nécessaire :

- **Petit fouet**
- **Flacon souple de 100 ml au moins**
- **Entonnoir**

▸ Désinfectez tous les ustensiles avec un peu d'alcool à 70° avant de commencer.

▸ Travaillez sur un support bien propre.

▸ Dans un bol bien désinfecté au préalable, versez successivement :

- **4 cuillères à soupe généreuses (cuillères à soupe modernes) de gel d'aloe vera de qualité Slow (Bioflore ou de Saint Hilaire par exemple)**
- **5 cuillères à soupe rases d'eau minérale en bouteille. Vous pouvez aussi les remplacer par 4 cuillères à soupe d'eau + 1 cuillère à soupe d'eau florale sans conservateur (de fleur d'oranger, de citron ou de bleuet)**
- **1 g de gomme xanthane**
- **1 cuillère à soupe de glycérine végétale**
- **6 gouttes de conservateur accepté en cosmétique bio (comme le Cosgard ou le Leucidal sur slow-cosmetique.com)**

▸ Fouettez le tout avec le petit fouet désinfecté jusqu'à obtenir un gel liquide qui ressemble aux formules du commerce.

▸ Transvasez dans le flacon bien propre à l'aide d'un entonnoir.

▸ Le mélange tel que décrit se conserve environ 3 mois (plus à vrai dire mais mieux vaut appliquer le principe de précaution) à l'abri de l'air de la lumière et de la chaleur.

Vous trouvez la recette trop compliquée ? Alors, essayez le **gel de lin** maison, avec des graines de lin et de l'eau. Ce gel très « nature » est également adapté comme lubrifiant et serait compatible avec les préservatifs. Je suis moins fan, mais vous trouverez une recette sur le site www.slow-cosmetique.com en tapant « gel de lin » dans le MAG du site.

Annexes

Mes ingrédients Slow par type de peau !

La Slow Cosmétique milite depuis 2012 pour des matières plus nobles dans nos cosmétiques.

Oui, mais lesquelles en fonction de mon type de peau ?
Voici une infographie pour vous aider à orienter vos choix pour chaque routine de soin beauté.

	Mon hydrolat Pour vaporiser le matin, et pour rincer le démaquillant le soir.	**Mon huile végétale** Seule ou en mélange. À masser le matin sous la crème, et le soir seule.	**Mes huiles essentielles** En tant qu'actifs dans les sérums huileux, les masques et les crèmes.	**Mes soins complémentaires** À faire de temps en temps. C'est toujours bon à prendre !
Peau grasse acnéique	Romarin à verbénone, Sauges, Lavandes...	Nigelle, noisette, noyaux d'abricot, jojoba	Idem hydrolats + tea tree, niaouli, petitgrain bigarade, cade	Gel d'aloe vera pour diluer l'huile et faire un oléogel qui remplace l'huile le matin. Un bon masque à l'argile blanche avec un peu d'eau florale une fois par semaine pour réguler et détoxiner.
Peau sèche, mature	Rose, Fleur d'oranger, Ciste, Immortelle	Argan, bourrache, macadamia, jojoba	Idem hydrolats + katrafay, ylang-ylang, encens	Exfoliation douce mais longue une fois par semaine au moins, avec un gommage doux ou du bicarbonate de soude mêlé à l'huile d'argan.
Peau sensible, couperose, grasse ou sèche	Matricaire, Camomille, Ciste, Bleuet	Noyaux d'abricot, jojoba, calendula	Idem hydrolats	Un massage au beurre de karité avant chaque chaud-froid ou activités extérieures est conseillé.
Peau normale ou mixte	Lavandes, géraniums, Rose, Fleur d'oranger, Laurier, Menthe (en été), Myrte	Noisette, jojoba, noyaux d'abricot, macadamia, argan... presque toutes	Lavandes, petitgrain bigarade, santal, immortelle, myrte	Une fois par mois, un bon hammam corps et visage au savon noir cosmétique avec une goutte d'huile essentielle de rose.

Les 20 huiles essentielles pour une beauté Slow

Cette liste de 20 huiles essentielles vous permettra de traiter les bobos de la peau les plus courants et de réaliser des soins cosmétiques très efficaces !

RAPPEL DES PRÉCAUTIONS D'EMPLOI

Les huiles essentielles en cosmétique s'utilisent toujours diluées dans un corps gras. Ne dépassez jamais 6 gouttes d'HE par 10 ml de produit. C'est là le maximum, et pour les soins du visage, 4 gouttes par 10 ml de produit conviennent très bien, et vous utiliserez 3 gouttes du mélange pour le visage. De cette façon, vous ne risquez pas de causer de graves réactions, sauf bien entendu une éventuelle allergie qui est toujours possible avec toute matière active.

Pour prévenir l'allergie, pensez à tester vos préparations sur une petite zone (épaule ou pli du coude) pendant 12 h et à observer la réaction. Si vilaine rougeur, on évite ou on dilue davantage.

Certaines huiles essentielles de cette liste sont chères, mais n'oubliez pas qu'on en utilise très peu et qu'elles se conservent plusieurs années sans aucun problème ! En outre, les huiles essentielles de la liste conviennent aussi pour pratiquer les premiers soins d'aromathérapie familiale (rhumes, assainissement de l'air, immunité, etc.).

Si une huile essentielle vous manque, sachez également qu'il est presque toujours possible de la remplacer par une autre au profil proche. Ainsi, la carotte peut remplacer le romarin à verbénone, et la lavande vraie peut remplacer le niaouli. Lisez un ouvrage de Danièle Festy ou consultez un blog spécialisé en aromathérapie tel que www.lessentieldejulien.com

Enceinte ou allaitante ? Vous pouvez utiliser de faibles doses d'huiles essentielles uniquement à partir du 4e mois, et seulement parmi les mieux tolérées (lavande vraie, lavandin, tea tree, camomille noble, mandarine et petitgrain bigarade vous permettent déjà beaucoup et doivent suffire).

Bébé ? On évite l'application d'huiles essentielles sur les bébés en dessous de 6 mois. Après, et jusqu'à 3 ans, on applique les mêmes précautions que pour la femme enceinte ou allaitante.

Dénomination	Ordre de prix	Principales propriétés
Camomille noble (*Chamaemelum nobile*)	€€	Anti-inflammatoire, elle apaise l'acné, l'acné rosacée, les rougeurs et les démangeaisons en tout genre.
Camomille allemande ou matricaire (*Matricaria recutita*)	€€	Cousine de la camomille noble, elle est réputée anti-rougeur et anti-inflammatoire. Toute bleue car elle contient du chamazulène, un agent anti-prurit notamment.
Cannelle (*Cinnamomum cassia*)	€	Très puissante et très dermocaustique il faut utiliser cette huile essentielle au délicieux parfum à des doses infinitésimales (jamais plus de 1 % et jamais sur le visage). Danger de brûlure ! Elle est échauffante, active la circulation sanguine en cas de cellulite ou d'extrémités froides et élimine sans pitié les bactéries.
Ciste (*Cistus ladaniferus*)	€€	Cette petite fleur précieuse donne une huile essentielle antirides par excellence. Son odeur particulière n'est pas appréciée par tous mais elle se marie à merveille avec le géranium et l'hélichryse dans les meilleures préparations liftantes. À noter, cette huile est hémostatique et peut être utilisée en cas de petite coupure ou de saignement de nez pour arrêter l'écoulement. Demandez conseil à votre herboriste ou pharmacien.
Citron zeste (*Citrus limon*)	€	L'essence de citron casse les graisses, détoxifie et assainit. On peut l'ajouter à nos soins pour cheveux gras, pour peaux grasses ou pour les huiles de massage anticellulite. Une goutte sur la dose de dentifrice blanchit les dents. Attention photosensibilisante : on évite le soleil 12 h après utilisation.
Épinette noire (*Picea mariana*)	€€€	L'antifatigue ! On utilise cette huile essentielle dans des huiles de massage très toniques pour se requinquer, mais aussi parfois dans des baumes hydratants pour apaiser l'eczéma.

Dénomination	Ordre de prix	Principales propriétés
Eucalyptus radié (*Eucalyptus radiata*)	€	Cet eucalyptus bien connu des hammams dégage les voies respiratoires sans les agresser. Il peut dilater les pores lors d'un sauna facial ou tout simplement apaiser la gorge irritée ou le nez bouché. Demandez conseil pour l'utiliser à des fins médicales. À incorporer également aux shampoings antipellicules.
Géranium rosat ou d'Égypte (*Pelargonium asperum*)	€€€	Très parfumé, le géranium donne une huile essentielle astringente à utiliser pour les crevasses, les pores dilatés, les rides profondes ou tout ce qui doit être « resserré ». C'est aussi un ingrédient de choix des masques et soins antiacné.
Hélichryse italienne ou Immortelle (*Helichrysum italicum*)	€€€	Reine de l'aromathérapie, cette huile essentielle antihématomes efface les varicosités sur les jambes, la couperose, les bleus et les bosses. Elle favorise aussi la cicatrisation et a un effet antirides.
Lavande vraie (*Lavandula angustifolia*)	€€€	Bonne à tout faire de l'aromathérapie, elle convient à tous. Elle détend mais elle est surtout une bonne huile antiseptique capable d'atténuer les boutons d'acné. Ses propriétés cicatrisantes ont également été démontrées.
Lavande aspic (*Lavandula spica*)	€€	Lavande camphrée, elle apaise les brûlures légères et peut être ajoutée à une huile de massage antidouleur. Elle calme aussi très efficacement les piqûres de moustiques ou d'insectes à venin.
Lavandin (*Lavandula hybrida ou grosso*)	€	Très pratique, peu coûteuse et bien tolérée par tous, elle fait fuir les poux, assainit la peau et atténue les petits boutons.
Menthe poivrée (*Mentha piperita*)	€€	Elle ne convient pas aux femmes enceintes mais est l'ingrédient incontournable pour apaiser le prurit, les jambes lourdes ou les petites douleurs. Donne un effet glaçon à toutes les préparations.

Dénomination	Ordre de prix	Principales propriétés
Niaouli (*Melaleuca quinquenervia*)	€	Proche du fameux tea tree auquel on peut le substituer, le niaouli assainit la peau acnéique, et peut s'utiliser en cas de bouton de fièvre dès les premiers picotements pour éviter la catastrophe.
Orange douce (*Citrus sinensis*)	€	Une essence d'agrume très gourmande pour se faire plaisir et pour détendre les sens. Idéale en diffusion, dans un bain ou dans une huile pour le corps. Attention, ne pas s'exposer au soleil pendant 12 h après utilisation.
Pamplemousse (*Citrus paradisii*)	€€	Cette essence dont la délicieuse odeur rappelle les vacances est souvent utilisée pour les soins anti-capitons car elle déloge les graisses sous-cutanées. Elle est aussi un bon anti-âge et préserve l'élasticité et la fermeté de la peau. Ne pas s'exposer au soleil après utilisation.
Petitgrain bigarade (*Citrus aurantium amara*)	€€	Les feuilles de l'oranger donnent une huile essentielle très agréable qui convient à la détente du corps et de l'esprit autant qu'aux soins destinés aux peaux grasses ou sensibles. Idéal pour l'acné des garçons.
Romarin à verbénone (*Rosmarinus officinalis CT verbenone*)	€€€	Ce romarin précieux est incontournable pour traiter les problèmes d'acné, de pellicules grasses ou de capitons disgracieux (cellulite).
Rose de Damas (*Rosa damascena*)	€€€€€€€€	Une huile essentielle pas forcément Slow pour des raisons écologiques mais très Slow pour ses atouts olfactifs et psychologiques. À utiliser comme un soin très précieux pour les peaux matures ou en cas de manque d'amour.
Ylang-ylang (*Cananga odorata*)	€€€	Cette huile essentielle suave et sensuelle est autant utilisée pour son parfum que pour ses propriétés anti-inflammatoires en cas d'eczéma ou de prurit. On l'ajoute aussi aux soins des cheveux qu'elle fortifie. Elle est sensuelle en massage.

Les 35 meilleures huiles végétales pour une beauté Slow

Nous vous avons déjà présenté les huiles végétales et nous vous avons montré dans ce livre comment en faire bon usage, il ne vous reste plus qu'à choisir celle(s) qui vous convien(nen)t.

Aussi nombreuses que variées et intéressantes, elles ont tant de bienfaits à offrir qu'il est difficile de faire une sélection des « meilleures ». Toutefois, notre objectif étant de vous donner de bonnes bases afin de vous rendre autonome dans vos gestes de beauté, nous vous proposons ici un tableau aide-mémoire pour vous y retrouver parmi les 35 plus adaptées à la thématique beauté.

COMMENT BIEN LIRE LE TABLEAU QUI SUIT

Un astérisque (*) désigne un intérêt alimentaire particulier, soit gustatif, soit pour la santé.

Les huiles dont la part en acides gras Oméga-3 ou en vitamines est mentionnée sont encore plus fragiles que les autres. Conservez-les à basse température et utilisez-les dans les 3 à 5 mois après ouverture selon les recommandations des marques.

Bon à savoir également concernant la composition des macérâts : ils ont la composition en acides gras de l'huile neutre utilisée pour la macération (olive, tournesol…) donc on ne vous donnera pas le détail dans le tableau.

→

Nom et organe producteur	Bref descriptif	Texture et couleur
Amande douce (amandes : fruits de *Prunus amygdalus*)	Une huile douce et bien tolérée par tous pour hydrater et apaiser la peau.	Huile jaune pâle. Pénétration moyenne. Légèrement comédogène.
* Argan (amandons des noix de *Argania spinosa*)	Une huile anti-âge réparatrice et protectrice cutanée, riche en vitamines et antioxydants.	Huile jaune pâle. Pénètre bien.
Arnica (macération de fleurs de *Arnica montana*)	Un macérât précieux pour soigner les bobos des vacances ou de la pratique sportive. Pure ou en synergie avec la calophylle, le calendula, l'andiroba, la noisette.	Huile jaune pâle. Pénétration moyenne.
* Avocat (fruits de *Persea gratissima*)	Une huile très hydratante pour le corps, les cheveux et le visage.	Huile verdâtre. Pénétration moyenne.
* Bourrache (graines de *Borago officinalis*)	Une huile idéale pour les femmes matures et les peaux en souffrance. Également utilisée en tant que complément alimentaire (ménopause, règles, arthrite…)	Huile jaune pâle. Pénétration moyenne.
Buriti (graines de *Mauritia flexuosa* ou *Mauritia vinifera*)	Une huile très antioxydante et très colorée, utilisée dans tous les soins avant ou après soleil. À utiliser toujours très diluée.	Huile rouge. Pénètre mal. Doit être diluée. Risque de taches.

Odeur	Composition succincte de l'huile vierge si pressée à froid	Indications les plus reconnues
Discrète, rappelle l'amande.	Plus de ⅔ d'acides gras mono-insaturés (Oméga-9). Un peu moins de ¼ d'acides gras polyinsaturés (Oméga-6 surtout). Un petit dixième d'acides gras saturés (acide palmitique).	Démaquillage, grossesse et bébés, croûtes de lait, eczéma, peau très sèche ou irritée.
Discrète si de bonne qualité, rappelle la noix grillée, et chez certains nez la terre ou la chèvre.	Une petite moitié d'acides gras mono-insaturés (Oméga-9). Un bon tiers d'acides gras polyinsaturés (Oméga-6). Un peu moins de 1/5e d'acides gras saturés. Vitamine E.	Soins cosmétiques anti-âge, massages bien-être, crevasses et gerçures, eczéma, psoriasis, gastronomie.
Discrète et neutre.	Acides gras complexes, en fonction de l'huile utilisée pour la macération. Traces d'huile essentielle d'arnica. Phytostérols. Lactones sesquiterpéniques anti-inflammatoires.	Bleus et bosses, ecchymoses, contusions, entorses, rhumatismes, douleurs articulaires et musculaires, rougeurs, coups de soleil. NE PAS INGÉRER.
Discrète et neutre.	Un peu plus de ⅔ d'acides gras mono-insaturés (Oméga-9 et acide palmitoléique hydratant). Un peu moins de 1/10e d'acides gras polyinsaturés (Oméga-6). Un peu moins de 1/5e d'acides gras saturés. Nombreuses vitamines dont E, bêta-carotène et PP.	Peau en manque d'élasticité, peau atone, cheveux secs ou cassants, massages raffermissants.
Discrète et neutre.	1/5e d'acides gras mono-insaturés (Oméga-9). Un peu plus de la moitié d'acides gras polyinsaturés (Oméga-6 dont 20 % d'acide gamma-linolénique, régulateur et anti-inflammatoire). 1/5e d'acides gras saturés. Phytostérols antioxydants et vitamine E.	Peau sensible, peau mature, eczéma, psoriasis, syndrome prémenstruel, ménopause, cholestérol, rhumatismes.
Discrète, rappelle les plantes vertes.	Un peu plus de ⅓ d'acides gras mono-insaturés (Oméga-9). 1/5e d'acides gras saturés. Beaucoup de vitamines (caroténoïdes et tocophérols antioxydants).	Préparation au soleil, autobronzant, protection solaire anti-UV, prolongation du bronzage.

➜

Nom et organe producteur	Bref descriptif	Texture et couleur
Cacao (fèves de *Theobroma cacao*)	Un beurre à l'odeur gourmande, plutôt utilisé en tant qu'ingrédient à mélanger à d'autres huiles ou cires. Très dur, à faire fondre pour fabriquer des soins protecteurs.	Beurre solide marron, blanc si raffiné. Pénètre mal. Légèrement comédogène.
Calendula (macération des fleurs de souci : *Calendula officinalis*)	Le plus doux des macérâts aux vertus anti-inflammatoires, antiallergiques et antiprurigineuses. L'ami de bébé et des peaux sensibles.	Huile jaune pâle. Pénétration moyenne.
Calophylle, ou tamanu (noix de *Calophyllum inophyllum*)	Une vraie trousse à pharmacie à elle toute seule ! Sa texture un peu épaisse et son odeur de curry ne doivent pas nous décourager.	Huile verdâtre. Dépôts possibles. Pénétration moyenne. Solide en dessous de 14 °C.
*** Cameline (graines de *Camelina sativa*)**	Un régal pour les papilles, les artères et le cerveau ! À consommer d'urgence aux repas.	Huile jaune doré. Pénétration moyenne.
Carotte (macération de racines de *Daucus carota*)	Un macérât vitaminé pour dorer la peau !	Huile orangée. Pénétration moyenne. Risque de taches.
Carthame (graines de *Carthamus tinctorius*)	Une huile issue du « faux safran », plante tinctoriale, aujourd'hui incontournable pour traiter les rougeurs.	Huile jaune ou rougeâtre. Pénètre bien.

Odeur	Composition succincte de l'huile vierge si pressée à froid	Indications les plus reconnues
Plutôt forte si non raffiné, rappelle le chocolat.	Un peu plus de ⅓ d'acides gras mono-insaturés (Oméga-9). Un peu plus de ⅓ d'acides gras saturés. Nombreux insaponifiables dont théobromine (lipolytique), caféine et polyphénols antioxydants.	Protection de la peau en extérieur, massage raffermissant ou bien-être, vergetures, baume à lèvres, soin des cheveux frisés.
Discrète et neutre.	Acides gras complexes, en fonction de l'huile utilisée pour la macération. Esters de faradiol anti-inflammatoires. Caroténoïdes et flavonoïdes antioxydants.	Allergies cutanées, eczéma, rougeurs et irritations, peau sèche et/ou sensible, soins de bébé, douleur localisée légère, piqûre ou morsure, coup de soleil.
Forte, rappelle le curry ou le café.	⅓ d'acides gras mono-insaturés (Oméga-9). Un peu plus de ⅓ d'acides gras polyinsaturés (Oméga-6). ⅓ d'acides gras saturés. Nombreux insaponifiables cicatrisants et circulatoires (dont acide calophyllique et inophylline).	Couperose, rougeurs, cicatrices récentes ou anciennes, plaies, vergetures, varices, drainage lymphatique, jambes lourdes, douleurs articulaires ou musculaires, acné…
Discrète, rappelle les légumes ou la verdure.	Un peu moins de 1/5e d'acides gras mono-insaturés (Oméga-9). Un peu plus de la moitié d'acides gras polyinsaturés (dont Oméga-6 et 30 % d'Oméga-3 !). Phytostérols antioxydants et cicatrisants.	Assaisonnement sain, croissance, lutte contre le vieillissement, prévention cardio-vasculaire, cholestérol, cure anti-âge, troubles de la mémoire ou de l'humeur.
Discrète, rappelle la carotte.	Acides gras complexes en fonction de l'huile utilisée pour la macération. Lutéine et beaucoup de bêta-carotène, antioxydant « bonne mine ».	Préparation au soleil, autobronzant, protection solaire (très faible).
Discrète, rappelle les céréales.	Environ 1/6e d'acides gras mono-insaturés (Oméga-9). ¾ d'acides gras polyinsaturés (Oméga-6). Vitamine E et sérotonines anti-âge. Vitamine K antirougeurs.	Couperose, rougeurs, acné rosacée, peau sèche et sensible…

Nom et organe producteur	Bref descriptif	Texture et couleur
*** Chanvre (graines de *Cannabis sativa*)**	Une huile incontournable pour la santé du cerveau, de la peau et de l'organisme en général (Oméga-3). Nullement psychotrope contrairement à la plante bien connue des hippies.	Huile verdâtre. Pénétration moyenne.
*** Coco (pulpe de noix de *Cocos nucifera*) – idem Coprah et Monoï**	Une huile semi-solide à faire fondre sur la peau et les cheveux pour les sublimer, ou dans une casserole pour un repas exotique (uniquement coco) ! À noter : l'huile de Coprah est une huile de coco presque identique mais de qualité un peu moindre, utilisée en savonnerie surtout. L'huile de Monoï est une macération de fleurs de Tiaré dans l'huile de Coco.	Huile blanche. Solide à température ambiante. Pénétration moyenne.
Figue de Barbarie (graines de *Opuntia ficus ou vulgaris*)	Une huile précieuse pour les princesses du désert qui ne veulent pas vieillir. Souvent trop chère malgré tout, car elle n'apporte pas tellement de choses par rapport à d'autres huiles anti-âge.	Huile jaunâtre. Pénètre bien.
*** Germe de blé (germes de *Triticum vulgare*)**	Une huile riche en vitamine E pour lutter contre le vieillissement. Conservation particulièrement difficile.	Huile épaisse jaune paille ou orangée. Pénètre mal.
Jojoba (graines de *Simmondsia sinensis*)	Une cire végétale liquide proche du sébum humain qui permet toutes les applications cosmétiques.	Cire liquide jaune doré. Solide en dessous de 14 °C. Pénètre bien.

Odeur	Composition succincte de l'huile vierge si pressée à froid	Indications les plus reconnues
Discrète, rappelle le gazon ou le foin.	Environ 1/6e d'acides gras mono-insaturés (Oméga-9). ¾ d'acides gras polyinsaturés (Oméga-6 et presque 20 % d'Oméga-3). 1/10e d'acides gras saturés.	Assaisonnement sain, peau sèche et mature, problèmes cardio-vasculaires, cholestérol, fatigue générale.
Délicieuse, rappelle la noix de coco et les vacances.	Uniquement des acides gras saturés dont acide laurique assainissant, en majorité.	Protection de la peau et des cheveux, peau sèche, cheveux secs, frisés ou cassants, massage bien-être, fabrication de savon.
Plutôt forte, rappelle les épices ou les citrus.	1/5e d'acides gras mono-insaturés (Oméga-9). Presque ⅔ d'acides gras polyinsaturés (Oméga-6). Nombreux stérols antioxydants.	Protection anti-âge, rides.
Plutôt forte, rappelle le pain et les céréales.	1/6e d'acides gras mono-insaturés (Oméga-9). ⅔ d'acides gras polyinsaturés (Oméga-6). Acides gras saturés. Beaucoup de vitamine E antioxydante. Vitamine K et caroténoïdes.	Peau sèche ou mature, teint terne, alimentation saine, fatigue, chute de cheveux, pelade.
Discrète et neutre.	Composition différente des autres huiles car il s'agit d'une cire, avec un peu plus de 80 % d'acides gras mono-insaturés (dont acide gadoléique surtout, et acide érucique, hydratants) et des céramides.	Hydratation tout type de peau, protection de la peau (UV, intempéries, vieillissement), régulation de la production sébacée (peaux grasses).

➜

Nom et organe producteur	Bref descriptif	Texture et couleur
Karité (noix de *Butyrospermum parkii*)	Le beurre végétal fondant favori des mamans africaines pour la beauté et la santé de leur famille.	Beurre solide jaune pâle. Blanc si raffiné. Pénètre bien si massé.
Lys (macération des fleurs de *Lilium candidum*)	Une huile à la symbolique royale pour des soins antitaches et anti-âge.	Huile jaune. Pénétration moyenne.
* Macadamia (noix de *Macadamia ternifolia*)	Aussi délicieuse que les noix grillées du même nom à l'apéro, une huile réparatrice très douce pour la peau.	Huile jaune très pâle. Pénètre bien.
Neem ou « Margousier » (graines de *Azadirachta indica*)	Une huile commune en Inde aux propriétés assainissantes et répulsives étonnantes. La seule à se mélanger à l'eau ou à l'alcool.	Huile brunâtre semi-solide à température ambiante. Pénétration moyenne.
* Nigelle (graines de Nigella *sativa* ou cumin noir)	L'huile de l'élite en Égypte ancienne, dont Mahomet disait qu'elle « soigne de tout, sauf de la mort ».	Huile jaunâtre ou verdâtre. Pénètre bien.
* Noisette (fruits de *Corylus avellana*)	Une huile neutre, pénétrante et satinée pour la peau, qui fleure bon l'automne. Appréciée en cuisine aussi.	Huile jaune très pâle. Pénètre bien.

Odeur	Composition succincte de l'huile vierge si pressée à froid	Indications les plus reconnues
Discrète si de bonne qualité, rappelle le beurre de ferme.	Une petite moitié d'acides gras mono-insaturés (Oméga-9). Un peu plus de la moitié d'acides gras saturés (dont acide stéarique surtout).	Peau sèche, cheveux secs ou frisés, protection (UV, intempéries, coups), prurit, crevasses, vergetures.
Discrète, rappelle le végétal.	Acides gras complexes, en fonction de l'huile utilisée pour la macération. Traces d'huile essentielle de Lys. Phytostérols protecteurs, anti-inflammatoires et antioxydants. Alcaloïdes stéroïdiques (etioline), éclaircissant.	Rides, taches brunes, troubles de la pigmentation.
Plutôt forte mais délicieuse, rappelle la noix grillée.	Un peu plus de ¾ d'acides gras mono-insaturés (dont acide palmitoléique hydratant et acide oléique Oméga-9). Environ 1/10e d'acides gras saturés (acide palmitique).	Massage, peau très sèche ou atopique, peau mixte ou grasse déshydratée, gastronomie et assaisonnement original.
Forte, rappelle les épices ou le café.	Un peu moins de la moitié d'acides gras mono-insaturés (Oméga-9). Environ 1/6e d'acides gras polyinsaturés (Oméga-6 surtout). Un peu moins de la moitié d'acides gras saturés. Azadirachtine A, insecticide et pesticide naturel.	Répulsive antimoustiques, piqûres ou morsures d'insectes, acné, gale, pellicules, jardinage, agriculture.
Forte, rappelle le cumin ou l'essence.	1/5e d'acides gras mono-insaturés (Oméga-9). Près de ⅔ d'acides gras polyinsaturés (Oméga-6). Nombreux actifs assainissants, immunostimulants, cicatrisants et/ou antioxydants : huile essentielle de nigelle, nigelline, nigellone (antihistaminique), vitamines et minéraux…	Acné, eczéma et psoriasis, zona, chute de cheveux, protection anti-âge, alimentation saine, allergies respiratoires…
Discrète, rappelle la noisette.	Un peu plus de 4/5e d'acides gras mono-insaturés (Oméga-9). Un peu moins de 1/10e d'acides gras polyinsaturés (Oméga-6). Vitamine E et phytostérols antioxydants.	Assaisonnement sain, gastronomie, peau sèche ou grasse, massage.

➜

Nom et organe producteur	Bref descriptif	Texture et couleur
Noyaux d'abricot (amandons du noyau de *Prunus armeniaca*)	La plus douce et la plus polyvalente des huiles, elle sert en bien des usages cosmétiques. Teint éclatant garanti !	Huile jaune très pâle. Pénètre bien.
*** Olive (fruits de *Olea europaea*)**	Le secret du succès du régime crétois, se consomme comme un bon vin et peut parfois rejoindre la salle de bains.	Huile verdâtre. Pénétration moyenne.
*** Onagre (graines de *Œnothera biennis*)**	La meilleure amie de la femme dès 40 ans, ou de toutes les peaux en souffrance. Conservation particulièrement difficile.	Huile jaunâtre tirant sur le marron. Pénétration moyenne.
Palme (fruits de *Elaeis guineensis*) et Palme rouge (seulement si certifiée écologique et durable)	Décriée à raison dans l'industrie alimentaire pour son impact environnemental (déforestation), on la consommera seulement si elle est certifiée bio et équitable (de rares filières existent). Idéale pour donner de la consistance à un savon saponifié à froid ou à une barre de massage.	Huile pâteuse semi-solide. Blanche si raffinée. Rouge si brute.
Pâquerette (macération de fleurs de *Bellis perennis*)	L'huile cosmétique du soin du buste et du raffermissement.	Huile jaune pâle. Pénétration moyenne.
*** Périlla (graines de *Perilla frutescens*)**	L'huile la plus riche en Oméga-3 ! Une source bénéfique de jeunesse et de santé. À noter : seule l'huile de périlla complète (avec huile essentielle) est réputée active en cas d'allergie ou d'asthme.	Huile jaune doré tirant sur le vert. Pénétration moyenne.

Odeur	Composition succincte de l'huile vierge si pressée à froid	Indications les plus reconnues
Discrète et neutre.	⅔ d'acides gras mono-insaturés (Oméga-9). Un peu moins de ⅓ d'acides gras polyinsaturés (Oméga-6). Provitamine A (bonne mine). Vitamine E et phytostérols antioxydants.	Démaquillage, base pour préparations en aromathérapie, peau sèche ou mixte, peau atone, peau mature, soin de bébé, massage…
Plutôt forte, rappelle l'olive.	Environ ⅔ d'acides gras mono-insaturés (Oméga-9). Environ 1/6e d'acides gras polyinsaturés (Oméga-6) et d'acides gras saturés. Nombreux actifs émollients et/ou antioxydants : phytostérols, squalène, hydroxytyrosol, vitamine E, chlorophylle.	Alimentation saine, cuisson saine, démaquillage, savons, peau sèche, soin des cheveux, entretien de la maison et vie quotidienne.
Plutôt forte, âcre ou rance.	1/10e d'acides gras mono-insaturés (Oméga-9). Environ 4/5e d'acides gras polyinsaturés (Oméga-6 dont près de 10 % de gamma-linolénique, régulateur et anti-inflammatoire). Stérols antioxydants.	Ménopause, états inflammatoires, eczéma et psoriasis, prévention cardio-vasculaire, cholestérol, sécheresse vaginale, allergies.
Discrète, rappelle l'humidité.	2/5e d'acides gras mono-insaturés (Oméga-9). Un peu moins de 1/10e d'acides gras polyinsaturés (Oméga-6). Une bonne moitié d'acides gras saturés. Actifs antioxydants et protecteurs cutanés : vitamine E, caroténoïdes, squalène.	Cuisson des aliments exotiques, saponification, recettes cosmétiques.
Discrète, rappelle la pâquerette.	Acides gras complexes, en fonction de l'huile utilisée pour la macération. Traces d'huile essentielle de Pâquerette, décongestionnante et tonique lymphatique.	Seins et buste en manque de fermeté, rides.
Discrète, rappelle l'herbe coupée.	Environ 1/10e d'acides gras mono-insaturés (Oméga-9). 4/5e d'acides gras polyinsaturés (Oméga-6 et environ 65 % d'Oméga-3 !). 1/10e d'acides gras saturés. Vitamines et oligo-éléments, toniques et antioxydants.	Alimentation saine, prévention cardio-vasculaire, cerveau et mémoire, dépression, allergies respiratoires, peau mature ou en souffrance.

Nom et organe producteur	Bref descriptif	Texture et couleur
*** Raisin (pépins de *Vitis vinifera*)**	Une huile fine et pénétrante pour la peau, également très fine en cuisine.	Huile jaune pâle. Pénètre bien.
Ricin (graines de *Ricinus communis*)	Historiquement siccative, purgative et cosmétique, une huile épaisse à redécouvrir en beauté.	Huile jaune pâle très visqueuse. Pénètre mal. Comédogène.
*** Riz (son du *Oryza sativa*)**	Un trésor ! L'huile à adopter d'urgence à la cuisine et dans la trousse de beauté pour mieux vieillir et se protéger des excès et du temps qui passe.	Huile jaune dorée, trouble à basse température. Pénétration moyenne.
*** Rose musquée ou Rosier muscat (graines de *Rosa rubiginosa* ou *Rosa mosqueta*)**	Un grand classique anti-âge pour la peau et l'organisme.	Huile orangée. Pénétration moyenne. Risque de taches.
*** Sésame (graines de *Sesamum indicum*)**	Difficile à trouver en qualité vierge, une huile fine et pénétrante pour la peau, échauffante, également très fine en cuisine.	Huile jaune pâle. Pénètre bien.
Souchet ou Tigernut (racines de *Cyperus esculentus*)	Une huile méconnue utilisée traditionnellement en Espagne pour fabriquer la Horchata de Chufa (boisson sucrée) et au Maghreb pour ralentir la repousse des poils.	Huile jaune foncé à ambrée. Pénétration moyenne.

Odeur	Composition succincte de l'huile vierge si pressée à froid	Indications les plus reconnues
Discrète et neutre.	¼ d'acides gras mono-insaturés (Oméga-9). ⅔ environ d'acides gras polyinsaturés (Oméga-6). 1/10e d'acides gras saturés. Vitamine E et polyphénols antioxydants.	Massage, alimentation saine.
Discrète et neutre.	Un peu plus de 4/5e d'acides gras mono-insaturés (dont environ 80 % d'acide ricinoléique, assainissant, laxatif et siccatif). 1/20e environ d'acides gras polyinsaturés (Oméga-6).	Chute de cheveux, ongles fragiles, cuticules, taches pigmentaires, préparations cosmétiques pour les lèvres ou les cils… NE PAS INGÉRER.
Discrète, rappelle le riz.	Environ 2/5e d'acides gras mono-insaturés (Oméga-9). ⅓ d'acides gras polyinsaturés (Oméga-6). 1/5e d'acides gras saturés. Très nombreux insaponifiables dont oryzanols antioxydants et préventifs anti-âge, vitamine E, co-enzyma Q10, sels minéraux…	Alimentation saine, cholestérol, diabète, prévention cardio-vasculaire, cernes et poches sous les yeux, rides, peau sèche ou sensible, vergetures…
Discrète, rappelle la terre ou le végétal.	Un peu plus de 1/6e d'acides gras mono-insaturés (Oméga-9). Environ ¾ d'acides gras polyinsaturés (Oméga-6 et environ 33 % d'Oméga-3 !). Vitamine E et caroténoïdes (dont rétinol) antioxydants.	Peau mature, vergetures, crevasses, alimentation saine.
Discrète, rappelle le sésame.	2/5e d'acides gras mono-insaturés (Oméga-9). 2/5e d'acides gras polyinsaturés (Oméga-6). Un bon sixième d'acides gras saturés. Vitamine E antioxydante, sélénium, lécithine et sésamoline, préventives anti-âge.	Massage, peaux mixtes, cheveux fins, alimentation saine, fatigue.
Discrète, rappelle l'amande et le sucre.		Ralentit la repousse des poils, nourrit et protège la peau.

Index des recettes

Femme enceinte

Visage

Corps

Cheveux

Bébé, enfant, ado

Visage

Corps

Cheveux

Maman (et ses copines)

Visage

Corps

Cheveux

Papa (et ses copains)

Visage

Corps

Cheveux

Papa et maman

Index général

HE : huile essentielle

Bonnes adresses

Pour poursuivre votre révolution cosmétique, rendez-vous sur le Net où vous trouverez d'autres astuces, conseils et recettes Slow.

Voici les sites à visiter impérativement pour découvrir les conseils et recettes accompagnés des bons produits qui font la Slow Cosmétique au quotidien.

Les sites du mouvement Slow Cosmétique

▶ **Lessentieldejulien.com :** Des conseils avisés en aromathérapie et en Slow Cosmétique par Julien Kaibeck. Vidéos didactiques à la pelle !

▶ **Slow-cosmetique.org :** L'Association Slow Cosmétique et ses bénévoles militent pour vous aider à consommer moins mais mieux. Vous découvrirez sur le site la liste des marques lauréates de la Mention Slow Cosmétique, et des aides aux décryptages d'étiquette.

▶ **Slow-cosmetique.com :** Ce site est LA boutique recommandée pour vos achats cosmétiques. Elle propose plus de 2000 produits vendus en direct des petits producteurs du réseau des marques lauréates de la Mention. Le site héberge aussi un MAG très vivant et plein de recettes pratiques. On y trouve aussi un agenda avec des ateliers et formations.

Vous pouvez également compléter vos recherches avec le livre de Aline Gubri : *Zéro plastique zéro toxiques*, éditions Thierry Souccar, 2017.

Achevé d'imprimer par Leporello

Dépôt légal : janvier 2019

Imprimé en Union Européenne